KB252692

AI로
쉽게
자기역사
쓰기

<table>
<tr><td>글
비행학교
시리즈</td><td>수학 공식 같은 글쓰기, 책 읽기 요령에서 벗어나 진술하게 글을 읽고 쓰는 삶의 실천 가이드입니다. 나아가 우리 사회에 건강하고 개성 있는 콘텐츠가 계속 쌓일 것을 기대합니다. 읽을(read) 수 있다면, 쓸(write) 수 있다면 살(live) 수 있습니다.</td></tr>
</table>

AI로 쉽게
자기역사 쓰기

나의 60대
첫 글쓰기 프로젝트

초판1쇄 발행 2026년 3월 4일	지은이 진순희

펴낸이 김태영	펴낸곳 씽크스마트 책짓는 집	주소 경기도 고양시 덕양구 청초로 66 덕은리버워크 B-1403호	전화 02-323-5609

출판사 등록번호 제395-313000025 1002001000106호	ISBN 978-89-6529-467-2 (03000)	정가 17,000원	ⓒ 진순희

이 책을 만든 사람들	책임편집 김무영	편집 신재혁	홈페이지 www.tsbook.co.kr 인스타그램 @thinksmart.official 이메일 thinksmart@kakao.com

*** 씽크스마트** 더 큰 생각으로 통하는 길

'더 큰 생각으로 통하는 길' 위에서 삶의 지혜를 모아 '인문교양, 자기계발, 자녀교육, 어린이 교양·학습, 정치사회, 취미생활' 등 다양한 분야의 도서를 출간합니다. 바람직한 교육관을 세우고 나다움의 힘을 기르며, 세상에서 소외된 부분을 바라봅니다. 첫 원고부터 책의 완성까지 늘 시대를 읽는 기획으로 책을 만들어, 넓고 깊은 생각으로 세상을 살아갈 수 있는 힘을 드리고자 합니다.

*** 도서출판 큐** 더 쓸모 있는 책을 만나다

도서출판 큐는 울퉁불퉁한 현실에서 만나는 다양한 질문과 고민에 답하고자 만든 실용교양 임프린트입니다. 새로운 작가와 독자를 개척하며, 변화하는 세상 속에서 책의 쓸모를 키워갑니다. 흥겹게 춤추듯 시대의 변화에 맞는 '더 쓸모 있는 책'을 만들겠습니다.

자신만의 생각이나 이야기를 펼치고 싶은 당신. 책으로 사람들에게 전하고 싶은 아이디어나 원고를 메일(thinksmart@kakao.com)로 보내주세요. 씽크스마트는 당신의 소중한 원고를 기다리고 있습니다.

AI로 쉽게 자기역사 쓰기

진순희 지음

나도 일주일 만에
내 삶의 기록자가 된다

『AI로 쉽게 자기역사 쓰기』는 참으로 효율적인 책이다. 글쓰기에 익숙하지 않은 이들도 부담 없이 시작할 수 있도록 편안하게 구성되어 있다. 하루 한 장씩, 질문에 따라 생각을 정리하다 보면 자연스레 글이 만들어지고, 자신도 몰랐던 삶의 장면들이 다시 빛을 얻는다. AI와 함께 하는 일이다. 하루 한 꼭지씩 써 내려가다 보면, 어느새 '내가 걸어온 시간'이 한 권의 책이 되어 손에 들린다.

요즘처럼 회고와 성찰의 중요성이 커지는 시대에, 누구든 자신의 역사를 기록하는 글쓰기를 할 수 있다는 사실은 참 반갑다. 어린 학생이든 중장년층이든 자신이 살아온 만큼의 이야기를 써볼 수 있다. '자서전' 또는 '회고록'이라는 이름이 조금 부담스러웠던 이들에게, '자기역사 쓰기'는 훨씬 편안하고 자연스럽게 다가온다. 이 책은 바로 그 점에서 특별하다. 삶을 거창하게 쓰지 않아도 된다는 메시지, 그리고 내 이야기가 충분히 의미 있다는 믿음을 독자에게 건넬 수 있다.

이 책에서 볼 수 있는 다양한 질문은 곧 자기 탐색의 거울이 되고, 7일간의 여정은 AI가 곁에서 함께하는 따뜻한 글쓰기 체험이 된다. 단순한 글쓰기 지침서가 아니라, 자신의 내면을 들여다보는 방식, 감정을 기억하는 방법과 더불어 AI라는 도구를 어떻게 감성적으로 활용할 수 있는지를 함께 전한다. 문장은 서툴러도 괜찮다. 삶은 언제나 진심에서 시작되기 때문이다.

자기 삶을 사랑하는 일, 그리고 그 사랑을 기록하는 일. 그 첫걸음을 이 책과 함께 내디뎌보기를 권한다.

김종회 문학평론가, 한국디카시인협회 회장, 황순원문학촌 소나기마을 촌장

삶을 의미 있게
바라보는 시선 」

글쓰기는
마음을 들여다보는 일입니다.
하지만 많은 이들이
빈 페이지 앞에서 막막함을 느끼곤 합니다.

이 책은 그런 막막함에
'질문'이라는 불빛을 밝혀주는 안내서입니다.

7일간 하루 한 꼭지씩 제시되는 질문을 따라가다 보면,
잊고 지낸 감정과 기억들이
자연스럽게 떠오르고 문장으로 이어집니다.
작가가 아닌 사람도 자신의 이야기를 통해
삶을 새롭게 해석하는 힘을 얻게 됩니다.

이 책은 단순한 자서전 쓰기 지침서가 아닙니다.

AI를 활용한 글쓰기 훈련을 통해 문장을 다듬는 즐거움과
자신만의 표현을 찾는 기쁨을 선사합니다.

AI는 훌륭한 조력자로서 글의 흐름을 도와주고,
적절한 표현을 건네며, 생각을 이끌어줍니다.
대단한 서사가 없어도 괜찮습니다.
있는 그대로의 경험과 감정이 만나면
그 자체로 문학이 되고, 고유한 목소리가 됩니다.

글을 써 내려가는 과정에서
자존감이 회복되고,
삶을 의미 있게 바라보는 시선을 얻게 됩니다.

이 책은 글쓰기를 통해
스스로를 이해하고 사랑하도록 돕는
따뜻하고 실질적인 동행자입니다.

글쓰기가 어렵게 느껴졌던 이들,
자신의 삶을 온전히 문장으로 표현하고 싶은 모든 이들에게
조용히, 그리고 은밀하게, 이 책을 권합니다.

배상범 **독서공동체 숭례문학당 대표**

질문이 답을 이끄는 시대,
AI하기 딱 좋은 나이 70세

"순희야, 너는 공부가 참 좋구나."

제 인생을 두고두고 울리는 한 문장입니다. 이 말을 처음 들은 건 아주 어릴 적, 초등학교 3학년 때였던 것 같아요. 그 시절 저는 책이라면 뭐든 좋아했어요. 특히 <새소년> 잡지를 손꼽아 기다렸습니다. 그런데 우리집엔 그 잡지가 오지 않았지요. 대신 매달 잡지를 배달받던 친구 애자네 집에 놀러 가곤 했습니다.

애자는 잡지에 별 관심이 없었어요. 하지만 저는 달랐습니다. 표지가 닳도록 읽고, 연재만화는 놓치지 않고 꼼꼼히 읽었습니다. 어떤 글은 몇 번이고 반복해서 읽었지요. 애자네 마루 한쪽에 쪼그려 앉아 책에 푹 빠져 있던 저를 애자 어머니는 물끄러미 바라보셨습니다. 그리고 어느 날, 저에게 말씀하셨어요.

"순희야, 너는 공부가 참 좋구나."

그 말이 얼마나 따뜻하게 가슴에 스며들었는지 모릅니다. 그분은 어린이 잡지를 읽는 저의 모습을 '공부하는 것'으로 이해해 주셨어요. 그 말 한마디가 어린 저에게 '나는 책을 좋아하는 아이야', '나는 공부하는 걸 좋아하는 사람이야'라는 자기확신을 심어주었습니다. 그러면서도 의구심이 들었습니다. 정작 당신 딸은 정기구독한 잡지를 안 읽고 남의 집 아이가 읽고 있으면 화가 날 법도 한데 애자 어머니는 어떻게 화도 안 내시고 내게 다정한 말을 건넬 수가 있지?

나에게 건네는 질문

돌아보면 저는 그때부터 스스로에게 끊임없이 질문하며 살아온 것 같아요.

'나는 왜 태어났을까?'
'나는 뭘 좋아하고, 뭘 잘하지?'
'어떻게 하면 세상과 연결되며 살아갈 수 있을까?'

그런 질문은 저를 책으로, 강연으로, 사람들 속으로 이끌었습니다. 눈이 오나 비가 오나, 강의가 있는 곳이라면 어디든 달려갔습니다. 서울에서 새벽 차를 타고 진주까지 이성자 화백의 전시회를 보러 간 적도 있고, 만리장성에 오를 때조차 가방 속엔 책이 들어 있었습니다. 그렇게 책으로, 공부로 나를 살렸고, 지식과 만남으로 세상과 연결되어 살았습니다. 그 모든 과정은 나를 자유롭게 했습니다. 그래서 저는 말합니다.

"공부는 나를 자유케 하는 열정이다."

68세 되던 늦가을의 어느 날, 공부의 길목에 새로운 친구가 찾아왔습니다. 바로 생성형 AI, 챗GPT입니다. 이것은 마치 또 하나의 전환점이었어요. 처음엔 단순한 호기심에서 시작했지만, 곧 이렇게 느꼈습니다.

"이건 그저 새로운 기술에 그치는 것이 아니라, 내 꿈을 실현해 줄 친구구나."

AI를 만나고 나서 제 안의 질문들이 더 이상 혼자만의 속삭임이 아니라는 걸 깨달았습니다. 챗GPT는 저의 질문에 귀를 기울여주고, 흩어진 기억을 하나로 엮어주며, 저만의 목소리로 풀어내도록 도와줬어요. 그 과정은 마치 친구와 함께 오래된 앨범을 넘기며 지난 시간을 돌아보는 것 같았습니다. 책 속에 묻혀 있던 나를 다시 만나는 경험이었지요. 그러면서 문득 이런 생각이 들었어요.

'아, AI와 함께한 이 기록이 시간이 누군가에게도 삶을 돌아보게 해주는 소중한 불빛이 될 수 있겠구나.'

누구나 인생 이야기를 가지고 있습니다. 하지만 그것을 글로 표현하는 일은 또 다른 벽입니다. "말로는 할 수 있는데 글은 자신 없어요.", "막상 쓰려니 머리가 하얘져요." 많은 분이 이런 말씀을 하십니다. 저도 그랬습니다. 생각은 가득했지만, 글로 옮기려는 순간 두려움이 밀려왔습니다. 그런데 AI와 함께라면 가능하다는 걸 몸소 느꼈습니다. 질문이 생각을 이끌고, AI가 글로 정리해주는 과정을 통해, 저만이 지닌 언어를 되찾을 수 있었거든요. 무엇보다도, 질문이 중요하다는 걸 다시금 절실히 느꼈습니다.

AI 시대에 우리는 정답을 아는 사람보다, 좋은 질문을 던질 줄 아는 사람이 더 큰 영향력을 갖게 되었지요. 바야흐로, 인공지능 시대의 새로운 인간형인 '호모 프롬프트(Homo Promptus)'가 강력한 힘을 발휘하는 때입니다. AI는 질문에 따라 다른 답을 줍니다. 질문이 구체적일수록, 대답도 더 정교해집니다. 이제는 질문하는 사람이 승리하는 시대입니다. 질문이 바로 창작의 시작이며, 자신의 삶을 깊이 들여다보는 첫걸음이기도 하니까요. 그래서 이 책을 쓰기로 했습니다. 『AI로 쉽게 자기역사 쓰기』는 단순한 기술 안내서가 아닙니다. 이 책은 감정을 다듬으며, 당신의 목소리로 세상에 말을 거는 통로가 됩니다. 그리고 그 길 위에서 든든한 길잡이가 되어줄 존재가 바로 챗GPT입니다.

이 책은 AI를 처음 만나는 분들도, 글쓰기에 익숙하지 않은 분들도 하루 10분이면 충분히 따라올 수 있도록 구성했습니다. 부담 없이, 작은 한 조각씩 이야기하듯 펼쳐가실 수 있습니다. 굳이 순서대로 읽지 않아도 괜찮습니다. 마치 과자 봉지에서 원하는 맛을 골라내듯, 마음이 끌리는 챕터부터 집어 드셔도 충분합니다.

Day 1에서는 내 삶의 주제를 찾고,
Day 2에서는 평범했던 기억을 특별한 이야기로 바꾸며,
Day 3에서는 독자의 마음을 움직이는 감동적인 스토리를 연출하고,
Day 6에서는 AI와 함께 세상에 내 이야기를 알리는 마케팅 전략까지 안내합니다.

단 한 번도 책을 써본 적 없는 분들도, 이 책을 덮을 무렵엔 분명 이렇게 말할 거예요.
"나, 드디어 해냈어!", "내 인생에도 이렇게 멋진 이야기가 숨어 있었구나."

글쓰기는 내 이야기가 침묵 속에 사라지지 않도록 기록으로 남게 해주는 힘이 되었습니다. 머릿속에서만 맴돌던 생각이

종이에 새겨지고, 사라질 듯 흩어지던 기억이 글로 이어지면서
비로소 제 이야기가 되었습니다.

이제는 저만의 꿈을 넘어, 다른 이들의 꿈이 실현되는 걸
함께 돕고 싶습니다. 이제, 당신 차례입니다. 질문하고, 기억하
고, 기록하며, AI와 함께 당신의 이야기를 시작해 보세요.

CONTENTS

나는 한 문장, 한 아이디어, 한 이미지를 갖고 시작한다.
그 이상으론 아무것도 모른다. 그저 따라간다.

(데이비드 라비)

Day 1.

AI와 함께 친해지기

1. 내 삶의 주제를 찾아보자

글쓰기는 제 삶의 중심이었습니다. 저는 학부부터 박사까지 국문학을 전공하며 평생 글과 함께 살아왔습니다. 30년 넘게 강남에서 논술학원을 운영하며 아이들과 성인들에게 글쓰기를 가르쳐 왔지만, 어느 순간 공허함을 느끼기 시작했습니다. 정작 나 자신을 위한 글을 쓰지 못하고 있었기 때문입니다. 그러던 중, 문득 이런 질문이 떠올랐습니다.

'나는 무엇을 배우고 싶은가? 남은 삶에서 무엇을 채워야 하는가?'

나이가 들수록 배움의 기회가 줄어든다는 생각이 들었습니다. 세상은 빠르게 변해가는데, 여전히 예전의 방식에 머물러 있는 것만 같았습니다. 학창 시절에는 배우는 것이 당연했지만, 이제는 무언가를 배우고 싶어도 어디서부터 시작해야 할지 막막했습니다. 그럴수록 마음 한구석에 체워지지 않는 빈자리가 늘 그림자처럼 남았습니다. '나는 더 이상 새로운 것을 배울 수 없는 나이가 된 걸까?'

나를 위한 글쓰기

그러던 중, 2022년 11월 30일, 챗GPT를 만났습니다. 처음에는 단순한 신기술일 거라고 생각했습니다. 하지만 AI와 몇 번 대화를 나누는 순간, 생각이 완전히 바뀌었습니다. 마치 제 안의 이야기를 끄집어내어 다시 정리해 주는 듯했습니다. 제가 던지는 질문마다 새로운 시각을 제시했고, 오래된 기억도 새로운 의미로 해석해 주었습니다. 저와는 전혀 다른 방식으로 사고하는 AI를 보며, 오랫동안 굳어 있던 제 생각의 틀이 흔들리기 시작했습니다.

글쓰기, 공허함을 채우는 도구가 되다

AI를 만나기 전까지, 배움의 기회는 젊은 친구들에게만 활짝 열려있다고 생각했습니다. 하지만 챗GPT를 활용해 글을 쓰면서 생각이 달라졌습니다. 그리고 저만이 아니라, 주변에도 비슷한 경험을 하는 분들이 많다는 것을 깨달았습니다.

50대 중반의 민지 님도 그런 분이셨습니다. 민지 님은 오랫동안 두 아이를 키우며 가족을 위해 살아왔습니다. 한때는 문학을 사랑했지만 바쁜 일상 속에서 글을 쓸 여유를 잃어버렸습니다. 아이들이 독립한 후 삶의 방향을 다시 고민했습니다. 글을 써보려 했지만, 마음속 이야기를 어떻게 꺼내야 할지 선뜻 감이 잡히지 않았습니다.

챗GPT 활용하는 것을 알려주자 글 쓸 용기를 냈습니다. 처음에는 단순히 하루 일과를 정리하는 것으로 시작했지만, AI의 도움을 받으며 과거의 기억을 떠올리기 시작했습니다. 유년 시절의 추억, 첫사랑의 떨림, 가족과 함께한 시간들… AI가 던지는 질문에 답하다 보니 자연스럽게 그녀만의 이야기가 글이 되어갔습니다. 글쓰기에 재미를 붙이면서 민지 님은 이렇게 말을 했습니다.

"선생님, 제가 이렇게 긴 글을 써본 게 얼마 만인지 모르겠어요. AI 덕분에 다시 원래의 저를 되찾은 기분이에요."

그 말을 듣고 깊이 공감했습니다. 저 역시 AI와의 대화를 통해 제 자신을 다시 발견했기 때문입니다. 민지 님처럼 삶을 돌아보는 시간이 필요했던 것이지요. 그리고 알아차렸습니다. 글쓰기는 단순한 기록이 아니라, 자신과의 대화이고, 채워지지 않았던 감정을 정리하는 과정이라는 것을요.

또 한 분, 60대 후반의 형숙 님은 남편을 떠나보낸 뒤 삶의 의미를 잃었다고 했습니다. 슬픔을 쏟아낼 곳이 없었고, 말로 풀어내기에는 너무 벅차다고 했습니다. 하지만 글을 쓰기 시작하면서 조금씩 변화가 나타났습니다. 처음에는 한 문장을 적는 것도 힘들어했지만, 하루에 한 문장, 두 문장씩 쓰며 자신의 이야기를 써내려갔습니다. 챗GPT와 대화하면서 글을 쓰다 보니, 글쓰기에 부담을 내려놓았던 거지요. 그러던 어느 날, 감정이 정리된 듯한 얼굴로 말했어요.

"글을 쓰면서 처음으로 제 감정을 정리할 수 있었어요. 마치 가슴속 먹구름이 비가 되어 쏟아지고 나서야 맑아지는 느낌이에요."

그 순간 확신했습니다. 글쓰기는 단순한 기록이 아니라, 감정을 해소하고 내면을 치유하는 강력한 도구라는 것을. 하지만 대다수의 사람들이 글쓰기를 어렵게 느끼고, 어디서부터 시작해야 할지 몰라 망설입니다.

AI와의 '맛남'이 바꾼 글쓰기

정민 교수는 『삶을 바꾼 만남』에서 "만남은 맛남이다."라고 했습니다. 사람과 사람 사이에서뿐만 아니라, 우리는 책과의 만남, 예술과의 만남, 그리고 AI와의 만남을 통해서도 새로운 길을 찾을 수 있습니다. 일흔이 되면서 저는 다시 배움을 찾고 싶었습니다. 그리고 그 과정에서 챗GPT를 만났습니다. 별 기대없이 다가갔던 AI와의 만남은 예상보다 훨씬 깊은 의미를 지니고 있었습니다. 그것은 그저 도구와의 만남이 아니라, 제 삶에 생기를 불어넣은 말 그대로 '맛있는 맛남', '만남'이었습니다.

AI와 함께 글을 쓰면서, 더 이상 글쓰기가 어렵거나 두려운 일이 아니라는 것을 깨닫게 되었습니다. 처음에는 한 문장을 적는 것도 조심스러웠지만, AI는 몇 번이고 질문을 던져도 지치지 않았습니다. 오히려 더 친절하게 다듬어 주었고, 심지어 "이 대답이 마음에 드시나요? 더 보완할 점이 있나요?"라고 물었습니다. AI의 이런 태도에서 인간에 대한 예우를 다시금 배우게 되었습니다.

글을 쓴다는 것은 곧 내면을 들여다보는 일입니다. AI와 대화하면서 저의 감정을 보다 명료하게 표현할 수 있었고, 마음속 깊이 눌러두었던 이야기들을 하나씩 꺼낼 수 있었습니다. 그리고 무엇보다, 이 과정이 결코 어렵지 않았습니다. AI가 다리를 놓아주니, 자연스럽게 제 감정을 토해낼 수 있었고, 내 안의 소용돌이를 가라앉히는 일이 수월해졌습니다. 글을 쓰는 일이 이렇게 쉽고 막힘이 없다니, 스스로도 놀랐습니다.

한 문장부터 시작하세요

AI와 함께 글을 쓰는 과정에서 저는 과거의 기억을 다시 만나고, 내 안에 있던 감정을 정리하게 됐습니다. 연령과 상관없이, 누구나 배움을 지속할 수 있고, 글을 통해 자신의 이야기를 펼쳐낼 수 있다는 것을 알게 되었습니다. AI가 준 것은 단순한 글쓰기 도구가 아니라, 삶을 바라보는 새로운 시선이었습니다. AI와 함께 제 안의 감정과 생각을 정리하며, 배움과 기록의 즐거움을 더욱 깊이 이해하게 되었습니다. 무엇보다, 제 삶의 주제가 무엇인지 더욱 분명하게 보이기 시작했습니다.

건물을 짓기 위해 먼저 기둥을 세우는 것처럼, 글을 쓸 때도 뼈대가 탄탄해야 합니다. AI는 이 과정에서 '설계자'가 되어 주었습니다. 마음속에 담아둔 이야기가 있지만, 어디서부터 시작해야 할지 막막하신가요? 걱정하지 않으셔도 됩니다. AI는 여러분의 이야기를 꺼내 줄 준비가 되어 있습니다. 한 문장이라도 괜찮습니다. 키워드를 입력해 보세요. 그리고 AI가 만들어준 문장을 다듬어 보세요. 그렇게 한 문장, 두 문장씩 이어가다 보면, 어느새 여러분만의 이야기가 완성될 것입니다.

AI와 함께라면, 나이와 상관없이 누구나 자기만의 이야기를 쓸 수 있습니다. 중요한 것은 완벽한 글을 쓰는 것이 아니라, 자신의 이야기를 펼치는 과정 자체가 의미 있다는 것입니다. 저처럼 AI와의 '맛남'을 통해 새로운 배움과 기록의 즐거움을 발견하시길 바랍니다.

2. AI가 뼈대를 세우면, 나는 감동을 입힌다

프롬프트 하나로 시작된 기적

평생 글을 가르치는 일을 해왔지만, 정작 저를 위한 글을 쓰는 일은 쉽지 않았습니다. 학생들에게는 늘 "좋은 글이란 독자의 마음을 움직이는 글"이라고 가르쳐 왔지만, 막상 제 글에는 감동이 부족하다는 생각이 들곤 했습니다. 문장을 다듬는 데만 집중하다 보니, 솔직하게 표현하는 법을 잊고 있었던 것입니다. 그러던 어느 날, 챗GPT에게 이런 질문을 던졌습니다.

"내 인생을 한 편의 이야기로 쓰고 싶어. 어떻게 시작하면 좋을까?"

그 순간, AI가 내 마음을 들여다본 듯한 문장을 띄웠습니다.

"삶의 기록은 기억의 잔해가 아니라, 시간이 지나도 사라지지 않는 하나의 이야기입니다. 당신의 첫 기억은 무엇인가요?"

이 한 문장을 보는 순간, 잊고 있던 감정과 풍경이 생생하게 되살아났습니다. 마치 오래된 서랍 속에 넣어두었던 기억들이 하나둘씩 펼쳐지는 것 같았습니다.

AI와 함께, 나보다 더 나를 깊이 들여다보는 글쓰기

어릴 적 기억을 글로 남기고 싶었지만, 어디서부터 시작해야 할지 막막했습니다. 그때 AI에게 이렇게 물었습니다.

"어릴 적 엄마와의 따뜻한 기억을 글로 남기고 싶어. 어떻게 풀어가면 좋을까?"

그러자 AI는 제게 질문을 던졌습니다.

"그 장면을 떠올릴 때 가장 먼저 생각나는 색깔은 무엇인가요?"
"그 순간 들려오던 소리는 어떤 소리였나요?"
"그때의 감정을 한마디로 표현한다면?"

이 질문을 곱씹으며 기억을 더듬어 보니, 어린 시절 어느 비 오는 날의 풍경이 떠올랐습니다. 어릴 때 저는 잔병치레가 많았습니다. 그래서 그런지 어린 시절은 아팠던 기억만 남아있습니다. 비가 오는 날이면 엄마는 교문 앞에서 우산을 들고 저를 기다리고 있었습니다.

초등학교 3학년이었지만, 작고 마른 몸이라 엄마는 자주 저를 업어 주셨습니다. 엄마 등에 업힌 채 느꼈던 그 넓고 따뜻한 감촉. 세상에 내 편이 있다는 걸, 비 오는 날이면 더 강하게 느끼곤 했습니다.

한 번은 집 앞 골목길에서 개 한 마리가 저를 향해 컹컹 짖고 있었습니다. 비도 오고, 아이들도 다 가고 없는 텅 빈 골목에서 겁에 질려 울먹이고 있었습니다. 그때 엄마가 갑자기 뛰어나오셨습니다. 손에는 물이 한가득 담긴 바가지가 들려 있었습니다. 그리고 엄마는 주저 없이 그 물을 개에게 끼얹었습니다. 깜짝 놀란 개는 부르르 털을 떨더니 이내 조용히 사라졌습니다. 그 순간 엄마가 얼마나 든든한 존재인지 다시 한번 실감했습니다.

이 기억을 글로 적으면서, AI가 단순히 글의 뼈대를 세워주는 것이 아니라, 기억을 소환하는 역할까지 해준다는 것을 알 수 있었습니다. AI의 질문 덕분에 그날의 비 냄새, 엄마의 손길, 그리고 그때 느꼈던 안도감을 다시금 떠올릴 수 있었습니다.

나를 흔든 한 마디

박사 과정을 밟고 있을 때였습니다. 아들뻘 되는 젊은 연구자들과 함께 공부하며 소논문을 발표할 기회가 있었는데, 발표가 끝나자마자 날카로운 지적이 이어졌습니다.

"논문의 구성이 논리적이지 않습니다."
"이 주장과 관련된 다른 논문도 있는데, 그것이 누락되었습니다."

하나같이 '논문 쓰기'의 기준에 맞지 않는다는 이야기였습니다. 논문이란 객관성과 논리성이 중요하다는 것은 알았지만, 글을 쓰면서도 늘 '이건 내 글이 아닌 것 같다'는 느낌이 들곤 했습니다. 그날 눈물이 날 것 같은 마음을 꾹 참고 있는데, 강의를 맡고 계시던 명예교수님께서 조용히 저를 부르셨습니다.

"진 선생, 문학적인 글쓰기를 해보는 건 어때요?"

예상치 못한 한 마디에 순간 어리둥절했습니다. '내 논문이 엉망이라고 말씀하시려고 하는구나'하고 잔뜩 의기소침해 있었거든요.

"글이 아주 좋아요. 섬세하고 독창적입니다. 논문도 중요하지만, 꼭 학문만이 길은 아닙니다."

사실 53살에 박사 과정에 들어가 젊은 연구자들 틈에 있다 보니 늘 주눅이 들어 있었습니다. 학원을 운영하며 공부를 병행하고 있어 언제나 시간이 부족했고, 학문적인 글쓰기가 제겐 어려웠습니다. 그런 저를 보며 교수님께서는 이렇게 말씀하셨습니다.

"40살만 돼도 학계에 남기가 쉽지 않은데, 문학이라면 나이가 들어서도 활발하게 활동할 수 있어요. 진 선생은 글을 잘 쓰니, 학문보다는 예술로 방향을 바꿔보는 건 어때요?"

그 말을 듣는 순간, 아스라이 묵혀두었던 기억이 떠올랐습니다.

초등학교 2학년 때, 동시를 써서 상을 받았던 순간이 전광석화처럼 그려졌어요. 아주 단순한 '감'에 대한 거였던 같아요. 감 감 감은 맛이 좋은 감... 이런 류의 동시였던 듯 해요. 정말 유치한 글이었지요. 아마도 동시를 써낸 아이가 많지 않아 제가 상을 탔던 것 같습니다.

하지만 어른이 되어 교육자로 살아가면서 그 기억은 먼 곳에 묻혀 있었습니다. 그런데 이날, 교수님의 그 한 마디가 잊혔던 장면을 끄집어내 주었습니다. 교수님의 말씀을 듣는 그때 처음으로 '나는 글을 쓸 수 있는 사람'. '아니, 나도 글을 써볼까'라는 생각이 들었습니다. 그날 이후로, 내 글을 다시 돌아보기 시작했습니다. 논문이 아닌, 내 마음이 살아 있는 글을 쓰고 싶었습니다. 그때 마침 AI가 내 앞에 나타났습니다.

AI는 나의 글쓰기 파트너다

AI는 단순한 글쓰기 도구가 아니었습니다. AI와 대화하면서 제 삶을 다시 써 내려갈 수 있었습니다. 과거에는 글을 쓰려면 오랜 시간이 걸렸고, 무엇보다 '내가 이 글을 써도 괜찮을까?' 하는 두려움이 있었습니다. 하지만 AI와의 대화를 통해 스스로에게 질문을 던지는 법을 배웠고, 그 질문에 대한 답을 찾아가며 저만의 '결'을 되찾았습니다.

AI가 제공하는 것은 단순한 문장 생성이 아니라, 기억을 꺼내고 그것을 엮어 나가는 과정이었습니다. 이제는 AI를 도구가 아닌 글쓰기의 동반자로 여기고 있습니다. 미처 꺼내지 못한 삶의 조각들, 잊고 있던 감정들. AI는 그것을 조용히, 그러나 확실하게 건드려 주었지요. 덕분에 저만의 이야기를 다시 쓰기 시작했습니다.

3. 초보도 쉽게 따라 하는 AI 트리트먼트 작성법

트리트먼트, 글쓰기의 나침반이 되다

혹시 이런 경험 있지 않으신가요?

"처음과 다르게 글이 흘러가요."
"무슨 말을 해야 할지 모르겠어요."
"결론이 엉뚱한 방향으로 가버렸어요."

저도 그랬습니다. 한 문장, 한 문장 써 내려가다가 어느 순간, 처음의 의도와는 전혀 다른 방향으로 가버리는 글을 보며 '이게 대체 뭐지?' 하고 한숨 쉬던 날이 많았습니다.

처음에는 글의 뼈대를 잡기 위해 화제 개요와 문장 개요를 사용했습니다. 나침반 없이 항해하는 배처럼 글이 떠돌아다니지 않도록 처음부터 방향을 명확히 설정하려고 노력했지요. 하지만 글을 쓰다 보면 예상치 못한 곳에서 막히거나 생각보다 딱딱하게 느껴지는 부분이 많았습니다. 그래서 자연스럽게 문장 개요에서 트리트먼트(Treatment) 방식으로 전환하게 되었습니다. 그리고 그 순간, 마치 복잡한 퍼즐이 한순간에 맞춰지는 느낌이 들었습니다.

트리트먼트, 글쓰기의 판도를 바꾸다

트리트먼트란 글을 본격적으로 쓰기 전에, 문단별로 내용을 구체적으로 정리하는 과정입니다. 주로 영화나 드라마 시나리오에서 사용하지만, 글쓰기에서도 이 방식을 적용하면 훨씬 체계적이고 재미있게 글을 쓸 수 있습니다.

이제 화제 개요, 문장 개요, 트리트먼트를 하나씩 쉽게 설명해볼까요?

'화제 개요(Keyword Outline)'는 핵심 단어 또는 구(phrase) 중심으로 아이디어를 나열한 개요입니다. 빠르게 전체 아이디어를 정리할 때 유용하며, 글의 구성 틀을 잡는 데 효과적입니다. 하지만 문장의 흐름이나 논리적 전개는 드러나지 않기 때문에, 이후 문장 개요로 확장할 필요가 있습니다.

> ◆ 주제: 어릴 적 불공평했던 기억
> ◆ 키워드: 6남매, 오징어, 몸통과 다리, 닭백숙, 불공평함, 언니 오빠들, 억울함, 울음

제 목: 어릴 적 불공평했던 기억

주제문: 어린 시절, 형제자매 사이에서 느꼈던 불공평한 식사 기억

개 요

Ⅰ. 서론 – 6남매의 어린 시절
1. 형제자매가 많은 집
2. 식사 시간의 특별함

Ⅱ. 본론 – 반복되던 불공평함
1. 오징어 몸통은 아버지와 큰오빠 몫
2. 나는 항상 오징어 다리
3. 닭백숙에서도 반복된 차별
4. 어린 마음에 억울함
5. 결국 울음

Ⅲ. 결론 - 지금은 웃으며 떠올리는 기억

   1. 그땐 슬펐지만

   2. 지금은 가족과 함께 웃는 이야기

   '문장 개요(Sentence Outline)'는 각 항목을 완전한 문장 형태로 구성한 개요입니다. 글의 논리적 흐름, 문장 연결, 전개 방식을 미리 확인할 수 있어 초안 작성에 매우 유리합니다.

제 목: 어릴 적 불공평했던 기억

주제문: 어린 시절, 형제자매 사이에서 느꼈던 불공평한 식사 기억이 지금까지도 마음에 남아 있다.

Ⅰ. 서론 - 6남매의 밥상 풍경

   1. 나는 6남매 중 막내였다.

   2. 식사 시간은 늘 전쟁 같았고, 맛있는 반찬은 늘 경쟁이었다.

Ⅱ. 본론 - 반복되던 불공평함

   1. 오징어가 반찬으로 나올 때면, 몸통은 항상 언니와 오빠 차지였다.

   2. 나는 한마디도 못 하고 늘 오징어 다리만 먹었다.

   3. 닭백숙이 나올 때도 마찬가지로, 맛있는 부위는 윗순서대로 돌아갔다.

4. 그런 식사 시간이 반복될수록, 어린 마음엔 억울함이 쌓여
갔다.
5. 결국 어떤 날은 밥을 먹다 말고 눈물이 났다.

Ⅲ. 결론 – 지금은 웃으며 떠올리는 기억
1. 지금은 그때의 기억을 가족들과 웃으며 이야기할 수 있다.
2. 하지만 그 불공평했던 순간들은 어린 나에게 꽤나 깊게
남아 있다.

문장 개요는 글의 주요 내용이 한눈에 보인다는 특징이 있
습니다. 하지만 문장과 문장 사이의 흐름이 부자연스러울 수 있
습니다. 예를 들어, '부모님이 외출한 틈을 타 다락의 오징어 8마
리를 혼자 먹었다.' 이 문장은 사실 감정이 포함되지 않은 단순한
정보입니다. 어떤 심정으로 먹었는지? 그 순간의 분위기는 어땠
는지? 이 행동을 통해 무엇을 느꼈는지? 이런 부분이 빠져 있다
보니, 글을 확장할 때 어렵게 느껴질 수 있습니다.

그래서 필요한 것이 트리트먼트입니다. 트리트먼트는 문
장 개요의 부족한 부분을 보완해 주는 도구입니다. 단순한 정보
중심의 개요에서 벗어나, 감정, 상황, 심리의 흐름까지 고려하여
글의 뼈대 위에 풍부하게 살을 붙이는 작업이 가능해집니다.

글쓰기 트리트먼트를 설명하기에 앞서 영화 트리트먼트
와 비교해 보겠습니다. 영화에서는 '영상화'를 위한 흐름을 잡는

것이 목적이라면, 글쓰기에서는 '논리적인 글의 확장'이 목표입
니다.

구분	영화 트리트먼트	글쓰기 트리트먼트
목적	영화의 흐름과 감정선 설계	글의 구조와 전개 방식 정리
형식	장면별 요약 및 시각적 묘사 포함	문단별 주요 내용과 감정 정리
예시	"주인공이 친구를 만나고 갈등을 겪는 장면"	"오징어 8마리를 혼자 먹고 배탈이 난 사건"

글쓰기에서 트리트먼트는 문단별로 구체적인 흐름과 감정
을 담아 정리하는 방식입니다.

첫 문단: 나는 6남매 중 막내였다. 모든 것이 순서대로 돌아
가야 하는데, 유독 오징어나 닭 같은 좋은 음식은 항상 아버지와
큰오빠의 차지였다. 딸들은 오징어 다리만 먹어야 했다. 나는 그
게 너무 불공평하다고 느꼈다.

둘째 문단: 어느 날, 부모님이 외출한 틈을 타 다락에서 오
징어를 꺼내 혼자 8마리를 먹었다. 10살짜리 아이가 그렇게 많이
먹었으니 당연히 배탈이 났다. 화장실을 들락거리며 울었고, 부
모님은 나를 혼냈다. 하지만 나는 억울했다. "왜 좋은 건 맨날 아
버지랑 큰오빠만 먹어요?"라며 울부짖었다.

셋째 문단: 이런 일은 닭백숙을 먹을 때도 반복되었다. 닭 다리는 항상 아버지와 큰오빠 차지였고, 나는 내 차례가 와야 한다고 주장했다. 하지만 오빠들에게 맞았고, 언니들에게도 야단을 맞았다. 나는 끝까지 울며 내 권리를 주장했지만, 받아들여지지 않았다.

넷째 문단: 아마도 나는 어려서부터 부당한 것을 참지 못하고, 논리적으로 설명해야 수긍하는 성향이 강했던 것 같다. 그래서 논술 선생이 된 걸지도 모르겠다.

트리트먼트는 문장의 흐름과 감정이 보다 생생하게 표현됩니다. 단순한 정보가 아니라, 실제 글처럼 읽을 수 있는 구조를 만듭니다. 주제에서 벗어나지 않고, 한 방향으로 글을 정리할 수 있습니다.

위와 같은 트리트먼트 과정으로 글을 쓰면 아래와 같은 글이 됩니다.

어릴 때 저는 늘 불공평함에 민감한 아이였습니다. 여섯 남매 중 막내였지만, 나름대로 세상의 질서를 이해하고 싶었고, 그 질서가 저에게도 공정하게 적용되기를 바랐습니다. 하지만 현실은 그렇지 않았습니다.

마른 오징어 한 마리를 사면, 몸통은 아버지와 큰오빠 차지였고, 저를 포함한 딸들은 늘 오징어 다리만 씹었습니다. 그것이 당연한 듯 굳어진 질서였습니다. 아무도 불평하지 않았습니다. 작은 오빠도, 언니들도 아무런 의문을 갖지 않았습니다. 그 모습이 어쩐지 더 속상했습니다.

저는 불공평함을 견딜 수 없었습니다. 어느 날, 부모님이 외출한 틈을 타 다락방에 숨겨둔 오징어를 꺼냈습니다. 그리곤 혼자서 8마리를 먹어 치웠습니다. 마치 세상의 균형을 바로잡기라도 하듯이요. 당연히 결과는 처참했습니다. 배가 뒤틀리고, 땀이 비 오듯 흘렀습니다. 화장실을 들락거리며 엉엉 울었습니다.

부모님이 돌아오자 상황은 더욱 심각해졌습니다.

"아니, 언니 오빠들도 가만히 있는데 어디서 이런 별스러운 애가 태어났대?"

부모님은 걱정과 분노가 섞인 목소리로 저를 혼냈습니다. 배를 움켜쥔 채 울면서도 저는 외쳤습니다.

"이건 공평하지 않아요! 왜 맨날 좋은 건 아버지랑 큰오빠만 먹어요?"

그날 저는 부당한 것에 침묵하지 않는 아이가 아니라 집안에 분란을 일으키는 아이로 낙인찍혔습니다.

닭백숙을 끓일 때도 같은 일이 반복되었습니다. 닭다리는 언제나 아버지와 큰오빠 차지였습니다. 저는 내 차례가 와야 한다며 울며 대들었고, 오빠들에게 맞았습니다. 언니들은 저를 나무랐습니다.

"우리도 가만히 있는데, 왜 쪼끄만 게 집안을 시끄럽게 하니?"

그러나 포기할 수 없었습니다. 어쩌면, 어려서부터 논리적인 설명이 있어야만 수긍하는 아이였던 것 같습니다. 부당한 것을 견디지 못하고, 이유를 알아야 직성이 풀리는 성향. 아마도 그때부터 논술 선생이 될 운명이었는지도 모르겠습니다.

트리트먼트로 글쓰기가 쉬워진 이유

처음에는 저도 문장 개요까지만 만들고 글을 쓰곤 했습니다. 하지만 문장 개요만 가지고 쓰다 보면, 중간에 감정이 끊어지거나 흐름이 부자연스러워지는 경우가 많았습니다. 그러다 트리트먼트를 활용하니 글을 쓰면서도 '지금 내가 어떤 부분을 쓰고 있는지' 명확하게 알 수 있었습니다. 트리트먼트를 쓰면 주제에서 벗어나지 않아 글을 쓰는 데 부담이 줄어듭니다. 감정과 흐름이 자연스럽게 연결되어 보다 풍부한 문장을 만들 수 있는 장점이 있습니다. 게다가 AI의 등장으로 트리트먼트를 작성하기가 더 쉬워졌습니다. AI가 뼈대를 잡아주고, 우리는 감정을 더해 완성하면 되니까요.

저만의 AI 트리트먼트 작성법은 다음과 같습니다. 먼저 핵심 키워드를 입력합니다. 그리고 AI가 만든 트리트먼트를 검토합니다. 마지막으로 감정을 더해 글을 살아 있게 만듭니다. 트리트먼트가 있으면 글이 더 탄탄해지고, 내용도 한층 깊어집니다. 이제는 트리트먼트 덕분에 글쓰기가 더 이상 어렵게 느껴지지 않습니다. 오히려, 다양한 주제를 자유롭게 풀어낼 수 있게 되었습니다.

AI트리트먼트 작성법

1) 핵심 키워드 입력

2) AI트리트먼트 검토

3) 감성글 완성

Day 2.

이야기맛집 만들기

1. 어릴 적 추억을 AI로 생생하게 되살리기

질문으로 완성하는 퍼즐

어릴 적 기억은 마치 빛바랜 흑백 사진처럼 점차 흐릿해지지만, 우리의 마음속에는 여전히 선명한 감정과 흔적이 남아 있습니다. 그것은 단순한 과거의 조각이 아니라, 우리가 어떤 사람인지 형성하는 중요한 요소입니다. 시간이 흐를수록 희미해지는 기억을 붙잡고 기록하기 위해서는, 과거의 문을 열고 어린 시절의 나와 다시 마주하는 과정이 필요합니다.

이때, 과거의 기억을 꺼내는 열쇠가 바로 '질문'입니다. AI와 함께하는 '추억의 퍼즐 30'은 잊고 있던 감정과 경험을 하나하나 떠올릴 수 있도록 도와주는 열쇠와 같습니다. 이 질문들을 활용하면 단편적인 기억이 점점 생생한 이야기로 확장되며, 우리의 감정을 더욱 선명하게 복원할 수 있습니다.

기억을 떠올리는 것은 단순한 회상이 아닙니다. 그것은 우리를 만든 순간을 다시 살아보는 일이자, 잊고 있던 감각과 감정을 되찾는 과정입니다. AI는 이 과정에서 단서를 제공하고, 이야기를 확장하며, 우리가 놓치고 있던 감정을 되살리는 역할을 합니다. 이를 통해 우리는 단순한 기억이 아니라, 나만의 역사로 남을 특별한 기록을 만들어갈 수 있습니다. 이제 AI와 함께 추억의 조각을 모아 나만의 이야기를 완성해 보시기 바랍니다.

기억을 기록하는 첫걸음, '추억의 퍼즐 30' 예시

태어나서부터 초등학교 입학 전까지 (0~7세)

◆ 태어난 날 부모님과 가족들의 반응은 어땠을까요?

◆ 태어나서 처음으로 배운 말은 무엇이었을까요?

◆ 어릴 때 가장 좋아했던 장난감은 무엇이었나요?

◆ 어린 시절의 별명은 무엇이었고, 어떻게 해서 생긴 별명이었나요?

◆ 어린 시절 가장 좋아했던 음식과 싫어했던 음식은 무엇이었나요?

◆ 어릴 때 저만의 특이한 버릇이 있었나요? (예: 손가락 빨기, 이불 돌돌 말기 등)

◆ 부모님께 가장 크게 혼났던 적은 언제였나요? 왜 혼났을까요?

◆ 어릴 때 가장 무서워했던 것은 무엇이었나요? (예: 천둥소리, 어두운 방 등)

◆ 가장 좋아했던 동요나 노래는 무엇이었나요?

◆ 유치원에서 가장 친했던 친구는 누구였나요? 그 친구와의 특별한 추억은 무엇인가요?

◆ 어릴 때 가장 부러웠던 것은 무엇이었나요? (예: 친구의 장난감, 형제자매의 능력 등)

◆ 집에서 가장 좋아했던 놀이는 무엇이었나요? (예: 블록 쌓기, 역할

놀이 등)

◆ 어릴 때 자랑하고 싶었던 특별한 재능이나 행동이 있었나요?

◆ 어린 시절 가장 많이 돌봐주신 분은 누구였나요? (엄마, 아빠, 할머니, 할아버지 등)

◆ 어릴 때 특별히 좋아했던 TV 프로그램이나 만화는 무엇이었나요?

◆ 유치원이나 어린이집에서 가장 기억에 남는 일은 무엇인가요?

◆ 어릴 때 가장 후회스러웠던 일은 무엇인가요? (예: 친구에게 심한 말을 한 것, 부모님을 속인 일 등)

◆ 집에서 가장 많이 했던 장난은 무엇이었나요?

◆ 어릴 때 가장 좋아했던 계절과 이유는 무엇인가요?

◆ 특별한 날(생일, 명절, 어린이날 등) 가장 기대했던 것은 무엇이었나요?

◆ 부모님께서 자주 해주셨던 말씀이나 잔소리는 무엇이었나요?

◆ 어릴 때 했던 행동 중 지금 생각하면 귀엽거나 황당했던 것은 무엇인가요?

◆ 기억나는 첫 여행지는 어디였고, 어떤 일이 있었나요?

◆ 어린 시절 저만의 상상 속 친구나 세계가 있었나요?

◆ 가장 기억에 남는 어릴 적 사고(넘어져 다친 일, 물건을 망가뜨린 일 등)는 무엇인가요?

◆ 어릴 때 가족과 함께한 가장 행복했던 순간은 언제였나요?

◆ 어릴 때 동네에서 제일 좋아했던 장소는 어디였나요?

◆ 저만의 비밀 공간이 있었나요? (예: 침대 밑, 장난감 상자 등)

◆ 어릴 때 '저만의 규칙'이나 고집이 있었나요? (예: 특정 인형이 없으

면 잠을 못 잔다는 등)

◆ 유치원 졸업식 때 기억나는 장면이나 부모님께서 해주셨던 말씀
은 무엇인가요?

초등학교 시절 (초등학교 입학부터 졸업까지, 8~13세)

1. 초등학교 입학 첫날, 어떤 기분이었을까요?

2. 학교에서 처음 사귄 친구는 누구였나요?

3. 가장 좋아했던 과목과 가장 싫어했던 과목은 무엇이었나요?

4. 선생님께 혼난 적이 있었나요? 그 이유는 무엇이었나요?

5. 초등학교 때 자신만의 특이한 습관이나 버릇이 있었나요?

6. 반에서 맡았던 역할(반장, 청소 담당 등)은 무엇이었나요?

7. 운동장에서 가장 많이 했던 놀이는 무엇이었나요?

8. 처음으로 '짝사랑'을 했던 기억이 있나요? 상대는 누구였고, 어
떤 감정이었나요?

9. 학급 친구들과 특별한 놀이(예: 종이접기, 딱지치기 등)를 한 경험이
있나요?

10. 초등학교 시절 가장 기억에 남는 선생님은 누구였나요?

11. 가장 좋아했던 교과서 속 이야기나 국어책 속 동화는 무엇이었
나요?

12. 학교에서 있었던 가장 창피했던 순간은 언제였나요?

13. 초등학생 시절 가장 부러웠던 친구는 누구였나요? 이유는 무엇

인가요?

14. 친구들과 했던 가장 장난스러운 일은 무엇이었나요?

15. 초등학교 시절 후회스러웠던 일은 무엇이었나요? (예: 친구와 싸운 일, 시험을 망친 일 등)

16. 가장 기억에 남는 체험학습이나 소풍은 무엇이었나요?

17. 초등학교 때 가장 즐거웠던 방학은 언제였고, 무엇을 했나요?

18. 학교에서 가장 좋아했던 장소(운동장, 도서관, 급식실 등)는 어디였나요?

19. 친구들과 몰래 했던 장난이나 비밀은 무엇이었나요?

20. 초등학교 때 처음으로 용돈을 받았던 기억이 있나요?

21. 가장 자랑스럽게 생각했던 성취(운동 경기, 상 받기 등)는 무엇이었나요?

22. 초등학교 때 유행했던 패션 스타일이나 헤어스타일은 무엇이었나요?

23. 초등학교 때 받았던 가장 기억에 남는 선물은 무엇이었나요?

24. 집에 돌아와서 가장 먼저 하던 일은 무엇이었나요?

25. 부모님께서 가장 많이 해주셨던 잔소리는 무엇이었나요?

26. 초등학교 시절 가장 무서웠던 경험(도둑 이야기, 친구의 장난 등)은 무엇이었나요?

27. 초등학생 시절 가장 좋아했던 TV 프로그램이나 애니메이션은 무엇이었나요?

28. 초등학교 때 했던 특별한 발표나 학예회 경험이 있었나요?

29. 초등학교 시절 가장 미련이 남는 일(못 해본 일, 다시 해보고 싶은
    일)은 무엇인가요?

30. 초등학교 시절을 한마디로 표현한다면 무엇인가요?

AI는 기억의 불씨를 지핀다

"내가 처음으로 크게 혼난 적이 언제였지?"

이 질문을 던지는 순간, 우리는 문득 어린 시절의 어느 날로 돌아가게 됩니다. 기억 속 작은 조각이 점차 또렷해지고, 당시의 감정과 분위기까지 되살아납니다. 아래 글을 예시로 들어보겠습니다.

여섯 살 무렵의 어느 날. 우리 동네에는 애자라는 친구가 살고 있었습니다. 애자네 아버지는 미군부대에서 근무하셨기에, 애자네 집에는 평소에 보기 힘든 신기한 물건들이 많았습니다. 특히 '미루쿠'라는 밀크 카라멜, 약국에서 파는 것과 다른 원기소, 그리고 알록달록한 초콜릿은 어린 나에게 무척이나 신기하게 다가왔습니다. 형형색색의 초콜릿은 갈색 봉지에 들어있었는데 빨강, 파랑, 초록, 갈색의 손톱만한 크기의 동그란 초콜릿이었어요. 특히 네모 모양의 초콜릿은 조금만 지나도 손에 끈적하게 묻어났는데, 이 작고 동그란 초콜릿은 손에 녹지 않고 그대

로 있었습니다. 하지만 그중에서도 내 눈을 사로잡은 것은 실을 잡아당기면 돌돌 풀리며 나오는, 아름다운 핑크빛 색연필이었습니다.

애자와 함께 신문지에 그림을 그리며 놀고 있었는데, 애자는 자랑스럽게 다양한 색연필을 꺼내어 색색의 그림을 그렸고 나는 자연스럽게 그중에서도 핑크빛 색연필에 마음을 빼앗겼습니다. 얼마나 신기하던지 순간적인 충동에 그만 그것을 주머니 속에 숨겼습니다. 집으로 돌아와서도 그 색연필을 바라보며 설렘과 뿌듯함을 느꼈습니다. 기쁨도 잠시 밤이 되자 불안함이 엄습했습니다. 결국 어머니께 사실대로 말했더니, 어머니는 조용히 내 손을 감싸며 말씀하셨습니다.

"우리 가족은 남의 물건을 허락 없이 가져오는 사람이 아니란다. 내일 애자에게 돌려주고 사과해야 한다."

다음 날 무거운 마음을 안고 애자를 찾아가 색연필을 돌려주었습니다. 그날의 부끄러움은 오래 남았지만, 그 안에는 값진 교훈을 얻을 수 있습니다. 사소한 행동 하나가 누군가에게는 큰 울림이 될 수 있다는 것을, 그때 처음 알았습니다. 단순한 실수였지만, 그것을 통해 정직함과 책임감의 가치를 배울 수 있었지요. 시간이 흐른 지금도, 그 순간의 떨림과 어머니의 따뜻한 가르침은 제 마음속에 깊이 남아 있습니다.

AI는 우리가 기억 속에 묻어둔 조각들을 불러오는 과정에서 연관된 키워드와 맥락을 분석하여 더 깊이 탐색할 수 있도록 도와줍니다. 우리가 특정한 사건을 떠올릴 때, AI는 그와 관련된 감각적 요소나 주변 환경을 질문하며 기억의 실마리를 확장합니다. 단순히 떠오르는 단어를 제시하는 것이 아니라, 말이나 문장을 분석하여 감정적 연결고리를 찾고, 추가적인 질문을 통해 기억의 폭을 넓혀줍니다. 색연필 사건을 떠올릴 때 AI는 '그때 주변의 분위기는 어땠나요?', '색연필을 주머니에 넣을 때의 감정은?'과 같은 질문을 해 당시의 감각과 감정을 더욱 생생하게 불러올 수 있도록 돕습니다. 이 과정에서 단편적인 기억이 점점 선명한 장면으로 확장되며, 감정이 자연스럽게 녹아들어 하나의 이야기로 재구성될 수 있습니다. 간단한 단어에서 시작한 기억이 점점 선명한 장면으로 확장되며, 감정이 입혀지고, 이야기가 됩니다.

'그때 느꼈던 감정을 표현해 보세요.'라는 질문을 통해 AI는 단순한 기억을 더욱 입체적으로 만들어 줍니다. 또한 감성을 더해 감동적인 이야기로 재구성할 수 있도록 돕습니다.

자기역사 쓰기에서 '어릴 적 기억'이 중요한 이유

자기역사를 쓰는 것은 단순히 과거를 나열하는 것이 아닙니다. 그것은 나라는 존재를 이해하고, 내가 어떻게 성장해왔는지를 기록하는 과정입니다. 특히, 어린 시절의 기억은 나의 가치관, 성격, 꿈의 근원이 됩니다. 유년 시절의 색연필 사건은 정직함의 중요성을 가르쳐 주었습니다. 누군가는 어린 시절 친구와의 다툼이 인내심을 길러주었을 수도 있고, 초등학교 시절 선생님의 한 마디가 삶의 방향을 바꿔놓았을 수도 있습니다. 이러한 작은 사건들은 우리의 정체성을 형성하는 중요한 요소들입니다. AI는 이 과정에서 질문을 던지고, 구조를 잡아주며, 때로는 우리가 놓친 감정을 발견하도록 도와줍니다.

기록이 기억을 영원하게 만든다

어린 시절의 기억은 희미해지기 쉽습니다. 하지만 그것을 기록하는 순간, 우리는 과거의 나를 만나고, 그 순간을 현재로 가져올 수 있습니다. 그리고 그 기록이 쌓이면, 그것은 단순한 회상이 아닌 '나만의 역사'가 됩니다.

"기록은 기억을 남긴다."

발타사르 그라시안

스페인의 작가 발타사르 그라시안은 이 짧은 문장으로 기록의 본질을 꿰뚫었습니다. 기록은 단순한 정보 저장이 아닙니다. 그것은 우리가 겪은 감정과 경험, 그리고 삶의 풍경을 미래로 건네는 다리입니다. 누군가에게는 사소해 보일 수 있는 순간일지라도, 나에게는 나를 설명해주는 결정적인 장면일 수 있지요.

자기역사를 기록하는 일은 단순한 추억 회상이 아닙니다. 그것은 흩어진 기억의 조각들을 모아 나만의 삶을 정리하고, 존재의 의미를 되새기는 과정입니다. 왜 과거를 기억해야 할까요?

그것은 과거가 지금의 나를 만든 재료이고, 그 조각들을 돌아볼 때 비로소 우리는 자신을 더 깊이 이해할 수 있기 때문입니다.

어린 시절의 작고 소박한 순간들 이를테면 첫 등교 날의 긴장된 발걸음, 처음 부모님께 혼났던 서러운 기억, 친구와 다투고 화해하며 배운 감정의 온도. 이 모든 장면은 오늘의 나를 빚어낸 소중한 퍼즐 조각입니다.

이제는 AI라는 든든한 글쓰기 파트너가 곁에 있습니다. AI와 대화를 나누며 기억을 꺼내고, 질문을 통해 장면을 떠올리며 문장으로 이어가는 과정은 생각보다 어렵지 않고, 오히려 재미있고 뿌듯한 시간이 됩니다.

그렇게 차곡차곡 쌓인 당신의 이야기는, 단순한 글을 넘어서 지금의 나를 이해하고, 스스로를 사랑하게 만드는 한 편의 기록이 됩니다. 그 기록은, 누구도 흉내 낼 수 없는 당신만의 이야기로 빛나게 될 것입니다.

2. 단어만 던지면 AI가 문장을 연결해준다?

AI로 편하게 시작하는 글쓰기

"저는 글을 잘 못 씁니다."
"제가 자기역사를 쓸 만큼 대단한 인생을 살았을까요?"

자기역사 쓰기 강의를 하다 보면 가장 많이 듣는 말입니다. 막상 자신의 이야기를 글로 남기려 하면 깊은 안개 속을 걷는 기분이 들거예요. 한발 한발 내딜 때마다 어디로 가는지 모를 정도로요. 답답한 것은 무엇부터 써야 할지 모르겠다는 불안감도 들지요. 하지만 단어만 던져도 AI가 문장을 만들어 준다면 어떨까요?

72세의 박영순 선생님께서 저를 찾아오셨습니다.

"제 삶을 책으로 남겨 보고 싶긴 한데… 저는 한 번도 글을 써본 적이 없어요."

저는 이렇게 질문을 드렸습니다.

"어릴 때 가장 기억에 남는 순간이 있으세요?"

잠시 고민하시던 박 선생님께서 말씀하셨습니다.

"아, 여덟 살 때요. 겨울이었어요. 막내 동생이 태어나던 날이요."
"동생이 태어날 때의 기분은 어떠셨나요?"
"사실 전 너무 서운했어요. 엄마가 저보다 동생을 더 좋아할까 봐요."

이 한마디를 듣고 AI에게 몇 가지 단어를 입력해 보았습니다.

◆ 여덟 살 겨울
◆ 막내 동생 탄생
◆ 엄마의 변화
◆ 질투와 서운함

그러자 AI가 이렇게 문장을 만들어 주었습니다.

"여덟 살의 겨울, 유난히 춥던 날이었습니다. 엄마는 아침부터 분주하셨고, 저는 낯선 긴장감 속에서 엄마의 움직임을 지켜보았습니다. 그리고 마침내 막냇동생이 태어났습니다. 모든 관심이 동생에게 쏠렸습니다. 축하해야 한다는 걸 알면서도, 왠지 모르게 마음 한쪽이 서운했습니다. 엄마의 손길이 저보다 동생에게 더 가닿는 것만 같았습니다…"

박 선생님께서는 문장을 소리 내어 읽으시더니, 손으로 입을 가리며 놀란 표정을 지으셨습니다.

"어머 이럴 수가! 어쩜 이렇게 제 마음을 콕 집어서 말해줄까요!"

바로 이게 AI 글쓰기의 마법입니다. 단어만 던지면 AI가 문장을 연결합니다. 그리고 여기에서 중요한 것이 있습니다. 바로 창발성(emergence)입니다.

AI로 잊었던 감정을 살리다

창발성은 개별적인 요소들이 따로 있을 때는 보이지 않던 것들이 함께 모일 때는 예상하지 못한 생각이나 감정이 떠오른 것을 말합니다. 마치 흩어진 퍼즐 조각을 하나씩 맞춰가다 보면, 어느 순간 전체 그림이 눈앞에 떠오르는 것처럼 말이지요. AI 글쓰기도 이와 똑같습니다. 처음에는 단지 몇 개만 던졌을 뿐이지만, AI가 문장으로 엮어주는 순간 내 안에 숨죽였던 기억과 감정들이 깨어나기 시작합니다. 박 선생님도 처음에는 '여덟 살 겨울,

막냇동생이 태어난 날, 엄마의 변화, 질투와 서운함' 같은 단어만 떠올렸습니다. 그러다 AI가 문장을 만들어 주자, '맞아! 그때 엄마가 내 손을 꼭 잡아 주셨어.', '아, 동생을 처음 안았을 때 너무 작고 가벼웠지!' 이렇게 잊고 있던 장면이 하나씩 되살아나기 시작했습니다.

또 다른 예시를 들어볼까요? '여름방학, 수박, 외갓집' 같은 단어를 떠올렸다고 가정해 보겠습니다.

AI는 "여름이면 늘 외갓집 마당에서 외할머니와 함께 앉아 수박을 먹었다. 시원한 바람이 땀을 식혀 주었고, 입안 가득 퍼지는 수박의 단맛이 한없이 행복했다."라는 문장을 만들었습니다. 이 문장을 읽는 순간, "맞아! 그날 외할머니가 부채질을 해 주셨지!" "그리고 그 옆에서 사촌들이랑 수박씨 멀리 뱉기 대회를 했었는데!" 하고 기억이 떠오릅니다.

이처럼 AI가 만들어 준 문장이 새로운 기억을 불러오고, 잊고 있던 감각과 감정을 되살려 줍니다. 그냥 떠올리려 하면 기억이 잘 나지 않던 것들이 AI와 함께하면 점점 더 생생한 이야기로 확장되는 것이지요. 이것이 바로 창발성의 힘입니다. AI와 협력할 때 나타나는 장점입니다. AI는 단순한 글쓰기 도구가 아니라, 여러분의 기억을 확장하고 감정을 끌어내는 촉진제 역할을 합니다.

생각을 이어주는 징검다리

자기역사 쓰기는 대단한 작가들만의 전유물이 아닙니다. 우리 모두 저마다의 인생을 살아왔고, 그 이야기에는 의미가 있습니다. 하지만 막상 '글을 써 보세요' 하면 어렵게 느껴지는 것이 사실이지요. 왜일까요? 처음부터 완벽한 문장을 써야 한다고 생각하기 때문입니다. 어떤 이야기부터 꺼내야 할지 몰라서 막막하기 때문입니다. 문장이 자연스럽게 연결되지 않을까 봐 두려워서입니다. 하지만 AI는 단어만 입력해도, 그 단어 사이에 의미를 연결해주는 자연스러운 문장을 제시해 줍니다. 덕분에 처음 한 발을 떼는 것이 두렵지 않게 되고 막막했던 글의 시작이 훨씬 쉬워집니다.

다른 예를 들어 보겠습니다.

◆ **단어 입력**: 할머니, 곶감, 겨울, 손난로, 정겨운 기억
◆ **AI가 만든 문장**: 겨울이면 할머니께서는 늘 주머니 속에 곶감을 하나씩 넣어 두셨습니다. 차가운 손을 비빌 때마다, 할머니의 따뜻한 손과 함께 곶감의 달콤한 향이 떠올랐습니다.

그런데 이 문장을 읽는 순간, 아주 오래전 겨울날, 제 손을 꼭 잡고 "손 시리지?" 하시던 할머니의 말투와 그 따뜻한 손길이

떠오를지도 모릅니다. 이것이 바로 AI를 활용한 창조적 글쓰기 과정입니다.

AI가 준 문장이 징검다리 역할을 하여, 기억을 확장하고, 감정을 더 생생하게 떠올릴 수 있도록 도와줍니다. 이처럼 AI는 마음속 깊은 서랍을 천천히 열어, 우리가 미처 꺼내지 못했던 기억을 부드럽게 끌어올려 줍니다. 이제 그 기억을 어떻게 글로 풀어낼 수 있는지, 단계별로 살펴볼까요?

단어 → 문장 → 이야기

1단계: 단어 떠올리기

기억을 끌어올리기 위해 간단한 단어부터 정리해 보세요. 예를 들어, '어릴 적 가장 행복했던 순간'을 떠올려 보겠습니다.

장소: 외갓집

인물: 외할머니

계절: 여름

감각: 수박의 차가운 단맛, 시원한 바람

2단계: AI에게 단어 입력하기

외갓집, 외할머니, 여름, 수박, 시원한 바람

3단계: AI가 문장을 만들어주기

여름이면 늘 외갓집 마당에서 외할머니와 함께 앉아 수박을 먹었습니다. 시원한 바람이 땀을 식혀 주었고, 입안 가득 퍼지는 수박의 단맛이 한없이 행복했습니다.

4단계: 감정과 디테일 추가하기

이제 여기에 느꼈던 감정을 덧붙이면 됩니다.

그날따라 외할머니께서는 유난히 웃음이 많으셨습니다. 손에 쥔 부채를 살랑살랑 흔들며, 제 머리를 쓰다듬어 주셨습니다. "우리 손주, 이렇게 커서 수박도 잘 먹네." 그 한마디가 왜 그렇게 기뻤는지 모릅니다.

단순한 단어가 하나의 추억 이야기로 변했습니다!

3. '이야기맛집' 만들기

이야기에 감정을 더하다

"제 이야기는 너무 평범한데, 책으로 쓸 수 있을까요?"

자기의 역사를 쓰려는 분들이 가장 많이 하는 고민입니다. 마치 미리 만나서 "이렇게 대답하자."라고 약속이라도 한 듯, 비슷한 말을 하시는 분들이 정말 많습니다.

"저는 특별한 일이 없었어요."
"남들처럼 대단한 성공이나 감동적인 스토리도 없는데요?"

그럴 때마다 이렇게 말합니다.

"이야기의 맛은 특별한 사건이 아니라, 어떻게 요리하느냐에 달려 있습니다."

어떤 음식이든 잘 익히고, 조미료를 더하고, 정성껏 담아내면 '맛집'이 되듯이 이야기도 기억을 잘 꺼내어 감각과 감정을 더하면 훌륭한 '이야기맛집'이 될 수 있습니다.

지금부터 이야기맛집을 만드는 법을 차근차근 알려드릴게요! 함께 해보시면 '나도 자기역사 쓰기 할 수 있겠다!'라는 생각이 들 거예요. 구체적인 예시를 들어가며 쉽게 설명해 드릴 거니까요.

이야기맛집이란, 단순한 경험도 특별한 감동을 주는 이야기로 변하는 공간입니다. 누구에게나 사소하고 평범한 기억이 있습니다. 그러나 그것을 잘 꺼내고, 감각적으로 버무리고, 감정을 더해 요리하면, 평범한 기억도 맛있는 이야기로 변합니다.

'어릴 적 아버지와의 기억'을 예로 들어보겠습니다. "아버지와 자전거를 연습했어요."라고 일반적인 기억에 의지해서 씁니다. 기억을 확장해 보겠습니다. "그때 자전거를 타다가 넘어졌어요."처럼 떠오른 기억을 가지고 AI에게 감각을 추가해달라고 요청합니다. "그 장면을 더 생동감 있게 만들어 줘."라고요. AI가 만들어 준 문장을 볼까요.

"일요일 아침, 아버지와 함께 동네 공원으로 갔다. 바람이 선선하게 불었고, 자전거 페달을 밟을 때마다 땅의 작은 자갈이 바퀴 아래에서 삐걱거렸다. '천천히, 페달을 부드럽게 밟아 봐.' 아버지가 뒤에서 내 자전거를 잡고 계셨다. 그런데 순간, 손잡이가 기우뚱했다. 균형을 잃고 넘어지면서 손바닥에 작은 흙먼지가 묻었다. 눈물이 핑 돌았지만, 아버지는 활짝 웃으며 말했다. '방금 네 힘으로 혼자 탔어!'"

처음에는 단순한 기억이었지만, AI와 함께하니 소리, 촉감, 감정이 살아난 이야기로 바뀌었습니다. 여러분도 직접 해보세요!

① 어떤 기억이든 단어 몇 개로 정리하세요.

② AI에게 단어를 입력하세요.

③ AI가 문장을 만들어 주면 넣고 싶은 감각적인 요소를 추가해 주세요.

④ 읽어 보면서 감정을 넣고, 이야기를 자연스럽게 다듬으세요.

AI는 기억을 꺼내는 데 도움을 주지만, 그 기억을 자신만의 감동적인 이야기로 만드는 건 바로 여러분의 몫입니다. 이제 여러분의 차례입니다. 기억의 주머니를 열고, AI와 함께 여러분만의 '이야기맛집'을 만들어 보실까요?

결국 글쓰기의 핵심은
당신 자신의 삶을 풍성하게 만드는 것이다.

자극하고, 발전시키고, 극복하게 만드는 것,
행복해지는 것, 이것이 궁극적인 목적이다.

(스티븐 킹)

Day 3.

추억이 이야기로 변하는 순간

1. AI를 활용한 감동적인 에피소드 구성법

누구에게나 감동적인 이야기가 있다

"저는 감동적인 이야기가 없어요. 늘 평범하게 살아서요."

자기역사 쓰기 수업을 하다 보면 자주 듣는 말 중 하나입니다. 그런데요, 정말 그럴까요? 우리는 모두 하루하루를 충실하게 살아내며 누군가에게 따뜻함을 받았고, 누군가에게 말을 건네지 못한 후회를 느꼈으며, 누군가의 손을 붙잡고 싶은 순간을 지나왔습니다. 그 모든 기억 안에 감정이 담겨 있다면, 그것은 이미 감동적인 이야기가 될 수 있습니다. 기억이 조금 흐릿하더라도, 그 순간의 감정은 여전히 우리 안에 살아 있기 때문이지요. 사실 감동적인 이야기는 특별한 사건에서 나오는 것이 아닙니다. 진짜 감동은 '특별하게 바라본 경험'에서 시작됩니다. 남들에겐 평범해 보이는 일이지만, 자신에게는 의미 있었던 그 순간을 '감정의 눈'으로 바라보고, 그 안의 의미를 끌어올려 다시 쓸 때, 그 이야기는 누군가의 마음을 움직이는 진짜 자기역사가 됩니다.

기억이 흐려도, 감정은 남아 있다

"기억이 잘 안 나요…"

이 말도 가장 많이들 하는 말이에요. 하지만 걱정 마세요. AI는 당신의 얼어붙은 기억을 깨우는 '질문하는 친구'입니다. "가장 오래 기억나는 겨울은 언제인가요?" "그날 입고 있던 옷, 풍경, 냄새가 기억나시나요?" "그날, 누가 가장 기억에 남았나요?" "그 순간, 어떤 기분이 들었나요?" AI가 건네는 질문에 처음엔 막막했던 머릿속이 하나둘씩 장면을 떠올리기 시작합니다. 그 물줄기를 따라가다 보면 "아, 그때 그랬지…" 하는 감정의 순간을 만나게 되지요.

감동적인 장면 만드는 법

AI는 우리가 놓친 '감정의 시작점'을 발견하게 도와줍니다. AI와 함께 감동적인 에피소드를 구성하는 3단계를 알려드릴게요.

1단계: '핵심 감정'을 먼저 찾아보세요

당신의 마음이 가장 흔들렸던 기억은 언제인가요? 기쁨, 서운함, 울컥함, 감사… 어떤 감정이든 괜찮습니다.

`예시` "처음 혼자 병원에 갔을 때, 엄마가 없다는 걸 절실히 느
꼈다."

2단계: 감정이 머문 '구체적인 장면'을 그려보세요

그날의 장소, 냄새, 분위기, 소리, 날씨… 모든 요소가 감정
을 살아 숨 쉬게 만들어줍니다.

`예시` "의자에 앉아 기다리는데, 양팔에 힘이 빠졌다. 옆자리 아이
는 엄마 품에 안겨 있었고, 나는 괜히 기침하는 척을 했다."

3단계: 감정이 어떻게 변화했는지를 생각해 보세요

그 경험이 당신에게 어떤 깨달음이나 변화를 주었나요?

`예시` "그날 이후, 나는 엄마에게 '괜찮아?'라는 말을 먼저 하게
됐다."

이 과정을 AI와 함께 한다면 나만의 에피소드를 더 수월하
게, 더 정교하게, 더 감성적으로 표현할 수 있어요.

AI와 함께 쓰면 좋은 점

AI의 장점은 단순히 글을 써주는 게 아니라, '감정의 실마

리'를 붙잡아주고, '기억의 뿌리'를 찾아가는 길잡이가 된다는 점이에요. 첫 번째로 생각의 틀을 넓혀줍니다. 우리는 자기 경험을 자주 '평범하다'고 생각합니다. 하지만 AI는 우리의 단어 하나하나에 주목해 "왜 그랬을까요?" "그때 누구와 있었나요?" 같은 섬세한 질문을 던집니다. 그 질문을 따라가다 보면, 감정의 결이 드러나고 이야기가 입체적으로 살아납니다.

두 번째로 문장을 다듬어 감동을 증폭시킵니다. 감동은 내용과 표현이 함께할 때 더 강하게 전달됩니다. AI는 평범한 문장을 더 따뜻하게, 더 선명하게 다듬는 데 탁월합니다. 예를 들면 "엄마가 나를 데리러 왔다."는 문장을 AI는 더 세심하게 묘사를 해줍니다. AI로 다듬은 문장은 "문틈 사이로 엄마의 실루엣이 보이자, 눈물이 핑 돌았다."입니다. 어때요, 표현 하나 바뀌었을 뿐인데, 감정의 울림이 달라지지요?

세 번째로 다양한 표현을 제안해 줍니다. '이 장면, 어떻게 써야 할까?' 고민될 때, AI에게 "슬픈 느낌이 드는 표현으로 바꿔줘", "대화체로 만들어줘"라고 말하면 묻는 즉시 여러 버전의 문장을 제안해 줍니다. 그중에서 가장 마음에 드는 걸 고르기만 하면 됩니다.

감동의 씨앗을 꺼내는 작고 쉬운 방법

자, 지금 이 글을 읽고 있는 당신도 바로 시작해볼 수 있습니다. 종이 한 장을 꺼내고 다음 질문 중 하나를 적어보세요.

"나를 울게 했던 순간은?"
"가장 외로웠던 날은?"
"누군가에게 따뜻함을 느꼈던 순간은?"

그 질문 중 마음이 조금 더 움직이는 단어를 골라 AI에게
이렇게 말해보세요.

"'엄마의 손'이라는 키워드로 감동적인 장면을 써줘."
"어릴 적 내가 울음을 참았던 순간을 이야기로 구성해줘."

그럼 AI는 여러분의 감정을 두드리는 이야기를 들려줍니
다. 그 글을 읽다 보면, "맞아. 나도 그런 날이 있었지." 하고 기억
의 문이 활짝 열릴지도 몰라요.

감동적인 이야기는 위대한 삶을 살아야만 쓸 수 있는 것이
아닙니다. 오히려 아무 일도 일어나지 않았던 조용한 하루, 참아
냈던 눈물, 전하지 못한 마음에서 잔잔히 피어납니다. AI는 마치
어둠 속에서 빛을 비추는 등불처럼 당신의 감정을 밝혀내고 그
것을 빛나는 문장으로 엮어줍니다. 그리고 당신은 그 이야기를
써 내려갈 수 있는 사람입니다. 감동은 늘 우리 곁에 있었습니다.
다만, 숨겨진 기억을 글로 끌어낼 용기가 필요할 뿐입니다.

2. 이야기에 숨을 불어넣는 '터닝포인트'를 잡아라

관점을 조금만 바꾸면 보인다

"내 삶엔 그렇게 특별한 사건이 없어요."

글쓰기 수업을 하다 보면 아주 흔히 듣는 말입니다. 하지만 아이러니하게도, 그렇게 말하는 사람들의 인생을 조금만 더 들여다보면 반드시 특별하다 싶은 일이 있습니다. 생각의 방향을 조금만 바꾸면 됩니다. 마음이 조용히 바뀐 날. 스스로는 대수롭지 않게 여긴 그 장면이 실은 삶의 물줄기를 바꿔놓은 터닝포인트였던 것이지요.

많은 사람이 터닝포인트를 영화 같은 장면으로 상상합니다. 죽을 고비를 넘긴 극적인 사건이나, 갑작스러운 성공처럼 말입니다. 하지만 실제로 인생의 방향을 바꾸는 순간은 작고 조용한 형태로 우리 곁을 스쳐갑니다. 누군가의 한 마디, 우연히 들은 문장 하나, 무심코 지나쳤던 깨달음, 혹은 오래된 습관을 놓기로 결심한 그날. 그런 평범한 날들이 오히려 더 깊은 삶의 전환을 이끌기도 하지요.

"그때는 몰랐어요. 하지만 지금 생각해 보면, 내 인생은 그 날부터 조금씩 달라졌던 것 같아요."

삶을 돌아보던 많은 이들이 이렇게 말을 하곤 합니다. 그 장면은 겉보기엔 특별할 것이 없지만, 마음이 흔들렸던 날이었습니다. 관점이 바뀌고, 이후의 선택이 달라졌던 날 말입니다. 그 미세한 변화는 오랜 시간 동안 천천히, 그러나 분명하게 삶의 방향을 바꾸어놓았던 거지요. 우리는 그런 순간을 '터닝포인트(Turning Point)'라고 부릅니다.

터닝포인트는 인생이 커다란 곡선을 그리며 방향을 바꾸는 지점을 말합니다. 누군가는 그것을 위기에서, 또 누군가는 위로에서, 어떤 이는 실패 속에서 경험합니다. 하지만 그 순간을 제대로 알아채지 못하고 흘려보내는 경우도 많습니다.

글을 쓴다는 것은, 바로 그 놓쳐버린 순간에 이름을 붙이고, 흔들렸던 마음을 다시 꺼내는 일이지요. 지나갔던 감정에 말을 붙이고, 흐릿한 기억에 의미의 불빛을 비추는 작업입니다. 그럴 때 비로소 평범한 인생 속에서도 한 편의 이야기가 태어납니다. 우리가 지금부터 함께 찾아볼 것은 바로 그런 기억 속 한 장면입니다. 내 삶의 방향이 살짝 달라졌던 날, 나 자신을 새롭게 바라보기 시작한 시점. 이야기가 진짜로 움직이기 시작하는 지점은, 바로 그 순간들 속에 있습니다.

삶을 바꾼 단 하나의 문장

배우 김혜자는 아프리카에서의 촬영 중 병든 아이를 안고 있었던 순간을 이렇게 회상했습니다.

"죽어가는 아이를 안고 있으니, 연기를 넘어서 진짜 엄마가 되어야겠다는 생각이 들었어요."

그의 삶은 이 경험을 기점으로 완전히 달라졌습니다. 이후 그는 어떤 배역도 단순히 '연기'로 접근하지 않았습니다. 그는 엄마의 눈빛과 고통, 체념을 '연기'하지 않았습니다. 그 모든 것을 온전히 살아냈습니다. 그가 살아낸 삶은 그의 연기에 깊이를 더했고, 관객들에게 잊을 수 없는 울림을 남겼습니다.

KBS 다큐멘터리 《아프리카의 눈물》(2009) 촬영 당시의 이 경험은 그를 '국민 엄마'로 만드는 데 결정적인 계기가 되었습니다. 단순히 배역 속 어머니를 연기한 것이 아니라, 진정한 어머니의 마음을 품었기에 '국민 엄마'라는 타이틀을 얻게 되었습니다.

김혜자의 연기는 단순한 기술이 아니라, 삶에서 우러나온 진심이었습니다. 아프리카에서의 경험은 그에게 연기를 넘어 인간의 고통과 사랑을 이해하는 법을 깨닫게 했고, 이를 통해 그는 대중의 마음속에 깊이 자리 잡았습니다.

터닝포인트는 늘 특별한 공간에서만 일어나는 것은 아닙

니다. 지금은 국민 MC라고 불리는 유재석은 무려 9년의 무명 시절을 겪었습니다. 수많은 프로그램에 얼굴을 비췄지만, 주목받지 못하던 그는 어느 날 한 방송 작가로부터 이런 말을 들었습니다.

"유재석 씨는 혼자 있을 때보다, 누군가와 있을 때 더 빛나요."

이 짧은 한마디는 그의 커리어에 전환점을 만들어주었습니다. 이후 유재석은 협업 중심의 예능 진행을 했고, 그 결과, <무한도전>, <런닝맨> 같은 전설적인 팀 예능의 중심에 서게 되었습니다. 단순한 칭찬처럼 들렸던 그 표현은 사실, 그의 강점을 정확히 짚어낸 통찰이었습니다. 그 한 줄이 유재석에게 방향을 제시했고, 그는 그 길 위에서 자신만의 색깔을 만들어냈습니다.

터닝포인트, 어떻게 글로 쓰면 될까?

우리는 종종 "그게 그렇게 중요한 사건은 아니었어요."라며 자신의 터닝포인트를 대수롭지않게 말합니다. 터닝포인트는 '사건의 크기'로 결정되지 않습니다. 그보다는 이전과 이후의 삶이 어떻게 달라졌는가, 그리고 그 감정의 흔들림을 내가 기억하고 있는가에 따라 진짜 이야기로 살아납니다. 자기역사 속 터닝포인트를 글로 쓸 때는 감정이 흔들린 사건, 그로 인한 시선의 변화, 변화 이후의 실천, 이 세 가지 흐름을 담아내면 됩니다. 다음의 질문을 스스로에게 던져볼까요. 그러면 잊고 있던 인생의 중요한 장면 하나가 조용히 떠오를 것입니다.

1단계. 감정을 떠올려보세요.

당신의 마음이 가장 크게 흔들렸던 순간은 언제였나요?

그때 어떤 감정이 가장 컸나요? (예: 충격, 감사, 분노, 외로움)

2단계. 관점이 달라졌던 날을 적어보세요.

그 순간 전과 후, 세상을 바라보는 시선에 어떤 변화가 있었나요?

어떤 생각이 '그날 이후' 처음 떠올랐나요?

3단계. 구체적인 실천이 있었는지 살펴보세요.

그 일을 계기로, 당신의 행동이나 습관은 어떻게 바뀌었나요?

지금의 삶과 연결되는 지점이 있다면 무엇인가요?

그리고 AI에게 질문을 던져보세요.

"자기역사를 쓰려고 해. 내가 변했던 순간을 찾고 싶어. 그때 어떤 감정이 가장 컸는지, 그 일이 내 삶에 어떤 흔적을 남겼는지 함께 정리해 줘."

"그 기억을 에세이처럼 감동적으로 구성해 줘."

"그 일을 겪기 전과 후의 감정 차이를 문장으로 표현해 줘."

결국 우리의 삶은 하나의 큰 서사입니다. 그 안에는 눈에 잘 띄지 않았던 수많은 전환의 갈래가 숨어 있고, 작은 흔들림 하나가 마음속에 오래 남아 인생의 방향을 바꾸기도 합니다.

그리고 그 작고 조용했던 변화를 글로 붙잡는 순간, 평범했던 기억은 감동적인 이야기로 새롭게 살아납니다.

당신도 이제, 그 하나의 특별한 장면에서 시작할 수 있습니다.

"그날 이후, 나는 조금 달라졌습니다."

이 한 줄이 바로, 당신 이야기의 문을 여는 첫 문장이 될 수 있습니다.

3. AI로 독자의 마음을 움직이는 스토리 연출하기

반전, 감정의 낙차, 그리고 상징의 힘으로 완성하는 이야기

"좋은 이야기는 무엇일까?"

수천 년 전부터 인류는 끊임없이 이 질문에 답을 찾기 위해 글을 써왔습니다. 감동을 주는 이야기에는 공통된 비밀이 있습니다. 그중 하나는 감정의 흐름 속에 등장하는 '반전'입니다. 예상치 못한 감정의 전환, 삶을 되돌아보게 하는 상징, 고통과 회복의 여정이 담겨 있을 때 독자의 마음은 흔들립니다.

AI와 함께 글을 쓸 때도 이 원리는 유효합니다. 같은 기억이라도 어떻게 구조화하느냐에 따라, 평범한 일상이 감동적인 인생 서사로 바뀝니다. 이 장에서는 고전 이야기 이론부터 할리우드의 시나리오 기법, 작가의 사례까지 함께 살펴보며, AI를 활용한 감동적인 이야기 구성법을 안내합니다.

감정을 움직이는 이야기 구조

고대 그리스 철학자 아리스토텔레스는 『시학』에서 이렇게 말했습니다. "이야기는 시작, 중간, 끝이 있어야 하며, 그 안에 인물의 변화와 갈등이 포함되어야 한다." 이 구조는 현대에 이르러 '기-승-전-반-결'로 확장되며, 감정 몰입을 이끄는 핵심 장치로 자리잡았습니다. '반(反)'은 이야기의 예상 흐름을 비틀어, 독자에게 감정의 낙차를 주는 장면입니다. 갑자기 드러난 진실, 뜻밖의 고백, 혹은 당연하게 여겼던 인물의 다른 면모 등 이런 요소들이 등장할 때 독자는 '헉, 이런 이야기가 있었어?' 하고 이야기 속으로 더 깊이 빠져들게 됩니다.

리사 크론은 『끌리는 이야기는 어떻게 쓰는가』에서 말합니다. "독자가 책을 펼쳤을 때 가장 원하는 건, 곧 무언가가 일어날 것 같은 기분, 감정의 임계점에 가까워지고 있다는 암시다." (p.27) 예상치 못한 전개로 감정이 요동치는 순간 독자는 이야기 속으로 깊이 빨려 들어갑니다. 바로 그 전환의 지점에서 독자의 몰입은 최고조에 달합니다.

사례 1: 『굿 윌 헌팅(Good Will Hunting, 1997)』, 상처받은 천재의 치유 서사

월 헌팅은 보스턴 빈민가 출신의 청년으로, 천재적인 수학적 재능을 가졌지만 어린 시절 학대받은 상처 때문에 마음을 굳게 닫고 살아갑니다. 그는 타인을 밀어내며 자신의 약점을 숨기고 방어적인 태도로 일관합니다. 그러나 심리치료교수인 맥과 이어를 만나면서 그의 삶은 전환점을 맞이합니다. 션은 월에게 다가가며 반복적으로 말합니다. "It's not your fault(그건 네 잘못이 아니야)." 션은 윌에게 다가가 조용히 반복해 말합니다. "It's not your fault. (그건 네 잘못이 아니야.)"

이 단순한 말 한 마디가 윌의 마음 깊숙이 눌려 있던 상처를 건드리고, 결국 무너뜨립니다. 그 순간 윌의 입술을 타고 흘러나온 말은 대사가 아니라, 오랫동안 꾹 눌러왔던 고통의 울음입니다. 관객은 처음으로 드러난 그의 진심 앞에 가슴이 먹먹해지고, 마치 자신의 오래된 상처를 마주한 듯한 감정을 경험하게 됩니다.

이 장면은 바로 'hurt'가 'heal'로 전환되는 감정의 정점이며, 상처를 감추지 않고 직면하고 받아들일 때 비로소 치유가 시작된다는 진실을 보여줍니다. 윌의 이야기는 관객의 깊은 공감을 자아내며, 감정의 진폭이 클수록 몰입도도 깊어진다는 이야기의 원형을 그대로 보여줍니다.

할리우드 시나리오 작법에서도 이 구조는 매우 중요하게 다뤄집니다. 흔히 "Hurt and Heal"이라는 원칙이 강조되는데, 이는 "상처를 주고, 그 상처를 치유하는 과정에서 감정을 고조시켜라"는 이야기 전략입니다.

스토리텔링에서 자주 활용되는 '감정 곡선'처럼 고통→갈등→전환→회복으로 이어지는 이 감정선은 독자의 마음을 깊이 끌어당기는 몰입의 힘이 됩니다.

감정의 흐름을 중심으로 한 이야기 작법의 대가인 로버트 맥키(Robert McKee)는 『Story』에서 이렇게 말합니다.

"관객은 고통받는 주인공에게서 진실된 감정을 발견한다. 상처가 있는 인물만이 진정한 성장을 보여줄 수 있다."

이러한 서사는 자기역사 쓰기에서도 깊은 울림을 줍니다. '나는 괜찮았다'는 말보다, '그때가 두려웠다'는 고백이 훨씬 더 진한 공감을 불러일으킵니다. AI에게도 이렇게 말해보세요.

"그때의 감정을 중심으로, 구체적으로 써줘."

감춰졌던 진심이야말로, 이야기를 이끌어주는 가장 강력한 원동력이 될 수 있습니다.

사례 2: 『인사이드 아웃(Inside Out, 2015)』, 감정의 반전

라일리는 11살 소녀로, 부모님의 직장 때문에 익숙한 고향을 떠나 샌프란시스코로 이사하게 됩니다. 그녀의 머릿속 감정들(기쁨, 슬픔, 분노, 혐오, 공포)은 새로운 환경 속에서 균형을 잃고 혼란에 빠집니다. 기쁨은 슬픔을 무용한 감정으로, 라일리의 감정을 항상 긍정적으로 유지하려 합니다. 그러나 새로운 학교, 친구들과의 단절, 부모와의 거리감 속에서 라일리는 점점 더 외로움을 느끼게 됩니다.

이야기 속 가장 인상 깊은 반전은, 슬픔이 라일리의 과거 기억을 껴안으며 눈물을 이끌어내는 장면입니다. '반전'은 단순히 사건의 방향만을 바꾸는 것이 아니라 감정의 위계를 뒤집는 일이기도 합니다. 이 장면에서 슬픔은 회피해야 할 감정이 아니라 연결과 공감의 감정이라는 새로운 의미를 부여받습니다. 진심을 드러내는 용기이며, 타인과 마음을 이어주는 정서적 다리인 거지요. 그 다리를 건너는 순간, 사람들은 서로의 고통을 이해하고, 진심이 오가는 깊은 감정의 울림을 경험합니다. 그리고 그 울림 속에서, 슬픔을 부정하던 기쁨이 천천히 제자리를 찾아옵니다. 이를 통해 라일리는 부모와 화해하고, 감정의 균형을 되찾게 됩니다.

이 장면은 감정의 다양성과 슬픔의 필요성을 강하게 드러냅니다. 단순한 긍정의 태도가 아닌, 진짜 감정의 조화를 회복하는 과정이야말로 성장의 핵심이라는 것을 보여줍니다.

주인공이었던 기쁨이 한발 물러서고, 슬픔이 중심에 서는 이 반전은 관객의 감정을 가장 강하게 뒤흔드는 순간이기도 합니다.

자기역사를 기록할 때도 마찬가지입니다. 슬픔은 단지 우울한 기억이 아닙니다. AI에게 이렇게 말해보세요.

"그때의 감정과, 그로 인해 어떤 깨달음을 얻었는지를 중심으로 써줘."

슬픔은 사람과 사람 사이를 이어주는 감정이며, 이야기 속으로 깊이 들어가는 가장 진실한 통로가 되어줍니다. 인사이드 아웃에서 감정 심리학 자문을 맡은 심리학자 대커 켈트너(Dacher Keltner)는 "슬픔은 타인과 연결되는 감정이다. 이야기 속에서 슬픔은 진실한 공감의 시작점이 된다."라고 말하며, 슬픔의 힘을 영화에 과학적으로 녹여냈습니다.

사례 3: 박완서 『그 많던 싱아는 누가 다 먹었을까』, 일상의 사소한 풍경 속에 숨어 있는 반전

박완서 작가의 자전적 소설인 이 책은 가난한 유년 시절 속에서도 교육에 대한 열망을 품고 성장한 소녀의 이야기를 담고 있습니다. 그중에서도 '검정고무신'은 단순한 신발이 아닌, 어머니의 사랑과 희생을 상징하는 강렬한 도구로 변합니다. 작가는 어린 시절, 어머니가 검정고무신을 아홉 번이나 기워 신기며 딸을 학교에 보냈던 기억을 회상하며 이렇게 말합니다.

"그래서 나는 지금도 검정고무신만 보면 눈물이 난다."

이 평범했던 신발은 시간이 흐른 뒤, 어머니의 헌신과 교육에 대한 갈망을 상징하는 감정의 아이콘으로 자리 잡았습니다.

일상적인 소재가 감정적으로 폭발하는 순간, 독자는 이야기 속에서 멈칫하며 깊은 울림을 느낍니다.

이처럼 작은 물건 하나가 감정의 상징으로 전환될 때, 평범했던 서사는 독자의 마음을 움직이는 강렬한 이야기로 바뀝니다. 당신의 삶에도 이런 기억의 조각이 있을 겁니다. 자주 보던 풍경이나 손때 묻은 작은 물건 하나에 이야기가 숨어있을지도 모릅니다. 자기역사 쓰기를 통해 그 물건에 담긴 의미를 찾아보세요. 그것은 당신만의 특별한 서사를 빛내줄 열쇠가 될 것입니다.

독자의 마음을 흔드는 스토리 연출

1단계: 상처를 꺼내보세요. 단순한 '기억'이 아닌, 그때 느꼈던 감정을 AI에게 설명해보세요. AI는 그 감정을 서사적으로 재구성해줄 수 있습니다.

2단계: 반전을 설정하세요. "그날은 평범했지만, 지금 생각해보면 내 인생의 전환점이었다."라는 식으로 평범한 기억에 감정의 전환을 부여하세요.

3단계: 상징을 활용하세요. 사물, 장소, 계절 등을 통해 감정을 간접적으로 표현해 보세요. AI는 비유적 언어와 감성 표현에 강하답니다.

4단계: 질문으로 마무리하세요. 이야기 끝에 "그때 나는 왜 그런 선택을 했을까?" 같은 여운 있는 질문을 던지면, 독자의 마음에 더 오래 남게 됩니다.

사건보다 중요한 건 '그래서 뭐?'의 힘

리사 크론은 이렇게 말합니다. "작가들은 종종 무슨 일이 일어났는지가 곧 이야기라고 착각한다. 그러나 진짜 이야기는 그 일이 주인공에게 어떤 의미였느냐에 있다."

아무리 극적인 사건이 일어나도, 감정이 비어 있다면 독자는 연결되지 않습니다. "나는 암을 진단받고 수술을 받았다."라는 문장은 사실이더라도 독자의 감정을 움직이지 않습니다. 하지만 "암 진단을 받던 날, 나는 아무 말 없이 택시 뒷좌석에 앉아 있었다. 창밖의 은행잎이 흔들리는 걸 보며 '아, 가을이구나'라고 생각했다."라는 문장은 감정의 반사신경이 들어간 서가가 됩니다.

단순한 사건보다 그 사건이 인물에게 준 정서적 파장, 그 맥락이 중요합니다. AI는 그 감정의 반사신경을 서사적으로 살려주는 도구가 될 수 있습니다. AI는 이런 장면을 확장시키는 데 매우 유용합니다. 이야기는 단순한 사건 나열이 아니라 감정의 파도 위를 항해하는 배입니다. AI와 함께라면 당신의 이야기는 더 감동적으로, 더 깊이 있게 독자의 마음에 닿을 수 있습니다.

4. 나만의 목소리를 찾는 AI 필터링 기법

나의 목소리 찾기

"내 이야기인데 왜 내 목소리가 안 들릴까?"

자기역사 쓰기를 하다 보면 이런 고민이 들 때가 있어요.

"분명히 내가 겪은 일인데, 왜 내 글 같지 않지?"
"AI가 쓴 것처럼 말투가 딱딱하거나, 어색하게 느껴져요."

이럴 때 필요한 게 바로 '나만의 목소리'를 찾는 작업입니다.

나만의 목소리란?

'나만의 목소리'는 글을 쓸 때 사용하는 말투, 생각의 흐름, 문장의 길이, 단어 선택, 감정의 표현 방식 등 모든 게 어우러져 하나의 '톤(tone)과 보이스(voice)'를 만들어내는 것을 말합니다. 이걸 쉽게 말해 '글의 말투', 또는 '작가의 손맛'이라고 할 수 있어요. 몇 가지 예를 들어보겠습니다.

성석제 작가는 익살스러운 비유와 위트 넘치는 입담으로

유명합니다. 평범한 사건도 유쾌하게 풀어냅니다. 작가의 아버지는 어느 겨울날 점퍼 속에 강아지 한 마리를 넣어옵니다. 호떡 봉지에 들어갈 정도로 아주 작은 강아지를 선물이라고 작가에게 건넵니다.

> 선물은 너무 어려서 백설기를 먹을 수 없었다. 물을 마시지도 않았다. 다만 관심과 연민에 반응할 수 있을 뿐이었다. 관심과 연민이 중단되면 즉시 울음이 시작되고 결국 나는 내복 바람으로 날이 밝아오는 것을 보았다. 아버지는 강아지를 선물했다. 나는 강아지에게 백설기를 선물했다. 밤이 아침을 선물하듯 강아지는 내게 난생처음 경험하는 연민의 감정을 선물했다.
>
> 성석제, 『농담하는 카메라』, 「선물」 p.72, 문학동네

김영하 작가는 차분하고 날카롭습니다. 군더더기 없이 정제된 문장이 돋보이지요. 마치 숨죽이며 정리된 서랍 속에서 가장 필요한 단어만 꺼내어 독자 앞에 내려놓는 듯한 감각이 있습니다. 그의 문장에는 감정의 과잉이 없습니다. 오히려 절제된 언어를 통해 더 깊은 울림을 만들어냅니다.

『살인자의 기억법』 속에서 나이 든 주인공이 강변에서 자신과 마주하는 장면은, 시간이라는 미로 속에서 잠시 마주한 '나'

와 '나'의 대화입니다. 자신조차 알아보지 못할 만큼 멀어진 '젊은
나'는 우리에게 묻는 듯합니다. "너는 너를 기억하니?" 김영하의
문장은 묻지 않으면서도 묻습니다. 조용하지만 날이 서 있습니
다. 그래서 더 오래 남습니다.

> 누구였더라? 스페인, 아니 아르헨티나 작가였나. 이젠
> 작가 이름 따윈 잘 기억나지 않는다. 하여간 누군가의 소
> 설에 이런 얘기가 나온다. 노작가가 강변을 산책하다가
> 한 젊은이를 만나 벤치에서 이야기를 나눈다. 나중에야
> 깨닫는다. 강변에서 만난 그 젊은이는 바로 자신이었음
> 을. 만약 젊었을 때의 나를 그렇게 만나게 된다면 알아볼
> 수 있을까?
>
> 김영하, 『살인자의 기억법』 p.29, 복복서가, 2020

김훈 작가는 묵직한 리듬과 깊은 문어체로, 한 문장에 삶의
무게를 담습니다. 『칼의 노래』에는 전쟁과 죽음, 고독과 책임의
무게가 단단한 문장 속에 녹아 있습니다.

> 버려진 섬마다 꽃이 피었다. 꽃 피는 숲에 저녁노을이 비
> 치어, 구름처럼 부풀어 오른 섬들은 바다에 결박된 사슬
> 을 풀고 어두워지는 수평선 너머로 흘러가는 듯싶었다.
> 뭍으로 건너온 새들이 저무는 섬으로 돌아갈 때, 물 위를

깔린 노을은 수평선 쪽으로 몰려가서 소멸했다.

김훈, 『칼의 노래』, 문학동네, p9, 2014

명량해협에 물은 겨울 산속 짐승의 울음소리로 우우 울면서 몰려갔다. 물은 물을 밀쳐내면서 뒤채었다. 말 잔등처럼 출렁거리는 물결이 수로의 가운데를 빠르게 뚫고 나가면, 밀려난 물은 흰 거품으로 소용돌이치며 진도 쪽 해안 단애에 부딪혔다. 물이 운다고, 이 지방민들은 이 물목을 울돌목이라고 불렀다.

김훈, 『칼의 노래』, 문학동네, p61, 2014

정유정 작가는 인물의 심리를 파고드는 강렬한 서사와 빠른 전개로 독자를 휘어잡습니다. 그의 소설은 마치 날 선 송곳처럼 인간의 내면 깊숙한 층을 찔러 들어갑니다. 눈을 돌릴 틈도 없이 밀어붙이는 전개 속에서, 우리는 언제나 가장 어두운 진실과 마주하게 됩니다.

"행복한 순간을 하나씩 더해가면, 그 인생은 결국 행복한 거 아닌가."

"아니, 행복은 덧셈이 아니야."

그녀는 베란다 유리문을 물끄러미 바라봤다. 마치 먼 지평선을 넘어다보는 듯한 시선이었다. 실제로 보이는 건 유리문에 반사된 실내풍경뿐일 텐데.

"행복은 뺄셈이야. 완전해질 때까지, 불행의 가능성을 없애가는 거."

정유정, 『완전한 행복』, p.113, 은행나무, 2021

헤밍웨이는 간결하고 절제된 문체의 대가입니다. '보여주되 설명하지 않는다'는 원칙을 따릅니다. 『노인과 바다』는 그 원칙이 가장 극명하게 드러나는 작품으로, 최소한의 언어로 최대한의 울림을 이끌어냅니다.

하지만 인간은 패배하라고 만들어진 게 아니야.
노인은 혼잣말을 했어. "인간은 파괴될 수는 있어도 패배할 수는 없어." 그래도 이 물고기를 죽인 건 유감이야. 노인은 생각했다. 이제 힘든 시간이 올 텐데 나에겐 작살조차 없으니.

어니스트 헤밍웨이, 『노인과 바다』, P.106, 민음사, 2012

이처럼 '작가의 목소리'는 그 사람만의 삶의 방식과 사고방식이 문장에 배어든 결과입니다. 나만의 말투, 감정의 결, 문장의 리듬. 이것이 '나만의 목소리'입니다.

나만의 목소리 찾는 법

나만의 목소리를 찾는 법은 생각보다 어렵지 않습니다. 세 가지 박자만 기억하세요. 나만의 목소리는 '쓰기' + '읽기' + '비교'의 세 박자가 맞아야 보입니다.

① 많이 써보기

처음에는 누구나 남을 따라 합니다. 김영하처럼 써보고, 정유정처럼도 흉내 내보지요. 하지만 계속 쓰다 보면, 나도 모르게 자주 쓰는 말버릇이나 문장 구조가 드러나기 시작해요. 예를 들어 "그날은 왜 그렇게 비가 많이 왔는지 모르겠다." "나는 어릴 때부터 사람들의 표정을 읽는 데 익숙했다." 같은 문장들이 자주 튀어나온다면 그 문장 속에는 이미 '당신만의 정서'와 '문장의 결'이 숨어 있어요. 그러니 멈추지 말고 계속 써보세요. '나도 모르게 튀어나오는 말들'이 곧 나의 목소리가 됩니다.

② 좋아하는 작가의 문장을 읽고 필사하기

마음에 드는 작가가 있다면 그 사람의 글을 읽고 문장을 따라 써보세요. 마음에 드는 문장을 따라 써보는 건 훌륭한 연습입니다. 손으로 직접 써보면 왜 그 문장이 좋았는지 감각이 또렷해져요. 여기서 끝내지 않고 "이 문장을 내가 썼다면 어떻게 썼을까?" "내 말투로 바꾸면 어떤 느낌일까?" "아, 이런 느낌이 좋았구나.” 하고 자신의 문장으로 변주해보세요.

③ AI와 함께 비교해보기

AI는 놀라울 정도로 많은 작가들의 스타일을 알고 있어요. 내가 쓴 글을 이렇게 물어보세요.

“이 글의 톤과 스타일을 분석해 줘. 어떤 작가의 문체와 유사해?”

“좀 더 김훈 작가 스타일로 바꿔줘.”

“내가 자주 쓰는 말버릇이나 문장 스타일이 있다면 알려줘.”

이렇게 하면 나만의 언어 습관이 어떤지, 그리고 무의식적으로 따라 쓰는 스타일이 있는지 파악할 수 있습니다.

⑤ AI 필터링으로 나의 목소리를 찾기

이제 핵심이에요. AI를 ‘필터’처럼 사용해, 나의 목소리를 정제하고 뽑아내는 방법을 소개해 보겠습니다.

1단계: AI에게 피드백 요청하기

“이 글에서 가장 ‘내 말투’처럼 느껴지는 문장은 뭐야?”

“이 문장에서 감정이 잘 드러나는 부분을 알려줘.”
“이 문장이 너무 딱딱한 것 같아. 좀 더 나답게 바꿔줘.”

이렇게 질문하면, AI가 당신이 지닌 결을 잡아내서 도와줍니다.

2단계: 스타일 레이어링하기

레이어링은 겹쳐 입거나 조화롭게 섞는 기법으로 글쓰기에서도 활용할 수 있습니다. 스타일 레이어링은 말 그대로 ‘문체를 겹겹이 쌓아보는 실험’입니다. AI에게 이렇게 요청해보세요.

“이 글을 김영하 스타일로 바꿔줘.”
“이 글을 이슬아 스타일로도 한번 써줘.”
“두 가지 스타일을 섞어서 나만의 스타일로 바꿔줘.”

처음엔 익숙한 문체를 입혀보는 데서 시작하지만, 반복하다 보면 어느새 ‘내 글의 말투’와 ‘나다운 분위기’를 발견하게 됩니다.

3단계: 나의 톤 & 보이스 가이드 만들기

AI에게 지금까지 쓴 글을 5~10편 정도 모아서 보여주세요. 그 후 이렇게 말해보세요.

"이 글들을 분석해서, 나만의 톤과 보이스 가이드를 만들어줘."

"내가 자주 쓰는 문장 구조, 분위기, 단어를 정리해 줘."

그러면 AI가 '나'라는 작가의 특징을 정리해 줍니다. 그걸 계속 참고하며 글을 쓰면 점점 더 일관성 있는 자기 목소리를 가질 수 있습니다.

스타일 레이어링 실습 예시

주제: 초등학교 운동회 날, 아버지가 처음으로 학교에 온 날의 기억

1단계: 내 글 (초안)

초등학교 3학년 운동회 날, 아버지가 운동장 한쪽에 서 있었다. 평소에 바빠서 학교에 한 번도 온 적 없던 아버지였다. 나는 아버지에게 달려가 손을 잡고 뛰었고, 그날 받은 감격은 아직도 잊히지 않는다.

2단계: 김영하 스타일로 바꾸기

초등학교 운동회 날, 아버지가 운동장에 서 있었다. 검은 정장, 약간 불편해 보이는 표정. 나는 달려가 손을 잡았다. 그날

이후, 나는 '운동장'이라는 단어에 마음이 저릿해진다.

3단계: 정유정 스타일의 리듬을 섞기

나는 전혀 기대하지 않았다. 그날, 아버지가 올 거라고는. 그런데 운동장 끝, 차가운 시멘트 벽에 등을 기댄 채 서 있는 아버지가 보였다. 숨이 턱 막혔다. 발이 멈췄다. 그렇게 멈춰선 나를 향해, 아버지가 먼저 걸어왔다. 그 순간, 나는 그를 처음으로 '아빠'라고 느꼈다.

4단계: 다시 '나다운 목소리'로 재정리하기

초등학교 3학년, 운동회 날. 아버지가 운동장 한쪽, 해가 기울어지는 방향에 서 계셨다. 구두는 운동장 흙먼지에 어울리지 않았고 표정은 어색했지만, 그날만큼은 나를 위해 시간을 낸 사람이 있다는 사실이 따뜻했다. 나는 아버지에게 달려가 손을 잡았다. 아주 오래 전 일이지만, 그 감촉은 아직도 마음 속에 살아 있다.

나다운 글은 결국 '사람 냄새'가 난다

AI는 마치 악기를 조율해주는 조율사와 같습니다. 우리 내면의 소리를 정확히 잡아주고, 더 아름답게 울리게 도와줍니다. 하지만 '진짜 목소리'는 여전히 당신 안에 있어요. 나만 쓰는 말투, 나만 아는 이야기, 나만의 감정의 리듬. 그것들이 어우러져 세상에 단 하나뿐인 자기역사를 만들어 냅니다. 목소리는 기술이 아니라 '삶'에서 옵니다. 문장 쓰는 기술은 익힐 수 있지만, 목소리는 사람을 깊이 들여다보는 습관에서 비롯됩니다. 가장 나다운 글은, 나를 아는 것에서 시작됩니다. '내가 어떤 삶을 살아왔는가', '무엇을 보고 느끼고 견뎌왔는가'에서 시작되기 때문입니다.

그렇다면 나만의 목소리를 찾으려면 어떻게 해야 할까요? 우선 자주 쓰는 말투를 관찰해보세요. 내가 자주 사용하는 표현, 문장의 길이, 말의 온도는 글에서도 고스란히 드러납니다. 부드럽게 말하는 사람은 글도 다정하고, 단정하게 말하는 사람은 글도 정제되어 있지요.

당신을 자주 흔드는 감정이 무엇인지 살펴보세요. 분노인가요? 슬픔인가요? 연민인가요? 당신이 쉽게 흔들리는 감정이, 바로 글의 중심 감정이 될 수 있어요. 정유정은 '통제 불가능한 인간 심리'를, 김훈은 '역사 속 고독'을 글에 담아냈잖아요.

어떤 장면에 오래 머무는지 돌아보세요. 글을 쓸 때 어떤 장면에서 시간이 오래 걸렸나요? 글을 쓸 때, 유독 시간이 오래 걸리는 장면이 있었나요? 세세하게 묘사하고 싶어졌던 순간, 설명 없이도 술술 썼던 부분. 그곳에 당신의 '진짜 목소리'가 숨어 있을 가능성이 커요.

좋아하는 작가를 따라 써보는 건 좋은 시작입니다. 처음에

는 롤모델의 문장을 흉내 내며, 자신에게 어울리는 표현이나 구
조를 익힐 수 있으니까요. 그렇게 타인의 언어를 거쳐가면서, 우
리는 글쓰기의 기본기를 조금씩 몸에 익힙니다. 하지만 어느 순
간엔 꼭 스스로에게 물어봐야 합니다.

"이건 정말 내 말투인가?"

그 물음에서부터 진짜 글쓰기가 시작됩니다. 흉내 낸 문장
을 내려놓고, 내 마음의 리듬과 감정의 결을 따라 나만의 언어를
되찾아야 합니다.

글을 쓴다는 것은 결국 '세상을 바라보는 나만의 시선'을
문장이라는 그릇에 담는 작업입니다. 그 시선은 누구의 것도 아
닌 당신만의 것이기에, 당신 자신의 목소리 또한 세상에 단 하나
뿐인 목소리랍니다. 그러니 너무 걱정하지 마세요. 당신이 정직
하게 쓰기 시작하는 순간, 목소리는 이미 당신 안에서 자라고 있
어요. 이제, 그 목소리를 따라 글을 써보세요. 그게 바로 '작가가
되는 길'입니다.

5. 핵심 메시지를 선명하게, 주제문 최적화하기

핵심이 담긴 글

"뭔가 좋은 말인 것 같은데, 무슨 말인지 잘 모르겠어요."

글을 읽는 독자에게 이런 반응이 나온다면 그 글은 핵심 메시지가 흐릿한 글일 가능성이 큽니다. 아무리 감동적인 소재라도 중심 메시지가 불분명하면 독자는 금세 흥미를 잃고 말지요. 자기역사 쓰기를 하면서도 마찬가지입니다. 내 인생에서 전하고 싶은 '핵심'이 흐려지면, 읽는 이에게 남는 건 긴 이야기일 뿐, 감동은 없습니다.

핵심 메시지란?

독자에게 전하고자 하는 가장 본질적인 말, 핵심적인 통찰을 한 문장으로 압축한 것을 핵심 메시지라고 합니다. 글의 방향을 잡아주는 나침반이자 독자가 글을 읽고 난 후 마음속에 간직할 단 하나의 문장이라 할 수 있습니다. 이는 단순한 요약이나 감정 표현이 아니라, '내가 왜 이 글을 쓰는가?'라는 질문에 대한 응답이기도 합니다.

핵심 메시지를 밝히는 것은 마치 사진의 초점을 맞추는 일과도 같습니다. 아무리 구도가 좋고 색이 예뻐도 초점이 흐리면 무엇을 찍은 건지 알 수 없습니다. 마찬가지로 글도 중심 메시지가 불분명하면 독자는 감동 받을 기회를 놓치게 됩니다. 다시 말해, 핵심 메시지는 글의 목적이자 존재 이유입니다. 그렇기에 글쓰기 교육에서도 핵심 메시지를 설정하는 훈련은 가장 먼저, 가장 오래 다루는 항목 중 하나입니다. 핵심을 향한 글쓰기 훈련은, 결국 덜어내는 훈련이기도 합니다. 이 점에서 다음 작가의 말은 큰 울림을 줍니다. 미국 작가 윌리엄 진서는 『글쓰기 생각쓰기』에서 "간소한 글이 좋은 글이다", "버릴 수 있는 만큼 버리자"라는 원칙을 강조합니다. 그는 이렇게 말합니다.

> "사람들은 대체로 뭔가 있어 보이기 위해 말을 부풀리는 경향이 있다. 잠시 후 상당한 양의 강우가 예상된다고 말하는 비행기의 기장은 비가 올 것 같다고 말할 생각을 하지 않는다. 문장이 너무 간소하면 뭔가 잘못됐다고 생각하는 것이다. 좋은 글쓰기의 비결은 모든 문장에서 가장 분명한 요소만 남기고 군더더기를 걷어내는 데 있다. 아무 역할도 하지 못하는 단어, 짧은 단어로도 표현할 수 있는 긴 단어, 이미 있는 동사와 뜻이 같은 부사, 읽는 사람이 누가 뭘 하는 것인지 모르게 만드는 수동 구문, 이

런 것들은 모두 문장의 힘을 약하게 하는 불순물일 뿐이
다. 그리고 이런 불순물은 대개 교육과 지위에 비례해서
나타난다."

윌리엄 진서, 『글쓰기 생각쓰기』, 「간소한 글이 좋은 글이다」
중에서, 돌베개, 2024

그의 이 조언은 핵심 메시지를 선명하게 하기 위해 글에서
불필요한 표현을 걷어내고 본질을 남기는 일이 얼마나 중요한지
를 일깨워줍니다. 간결한 문장과 명확한 주제가 조화를 이룰 때,
독자는 글쓴이의 진짜 의도를 더 정확히, 더 깊이 이해할 수 있게
되니까요.

왜 핵심 메시지를 선명하게 해야 할까?

핵심 메시지는 글의 중심축입니다. 건물에 기둥이 없으면
무너지듯이 글에도 중심이 되는 메시지가 없으면 방향 없이 흘
러버립니다. 특히 자기역사 쓰기에서는 삶의 순간들 속에서 발
견한 통찰이나 공감의 한 문장이, 글 전체를 이끄는 기둥 역할을
하게 됩니다.

『스틱』의 저자 칩 히스와 댄 히스는 기억에 남는 메시지의
첫 번째 조건은 '단순함'이라고 말합니다. 사람들은 글 전체를 기
억하지 못합니다. 복잡한 설명보다는 핵심이 명확하게 드러난,

단 하나의 메시지만 오래 남습니다. 그래서 자기역사 쓰기에서도 글 속에 담고 싶은 감정이나 통찰을 하나의 중심 문장으로 선명하게 정리하는 것이 중요합니다. 이 한 줄이 바로 독자의 마음을 흔들고, 오랫동안 남는 인생의 한 구절이 되니까요.

핵심 메시지가 선명한 작가의 글

알랭 드 보통의 『불안』도 대표적인 예입니다. 이 책은 현대인이 일상적으로 겪는 다양한 불안 중에서도 특히 '사회적 지위(Status)'와 관련된 불안을 집중적으로 탐구합니다. 핵심 메시지는 이렇습니다. "사회는 우리를 끊임없이 비교하게 만들고, 그 비교는 결국 불안을 키운다."

마크 맨슨의 『신경 끄기의 기술』도 대표적인 예입니다. 그의 핵심 메시지는 "모든 것에 신경 쓰지 말고, 진짜 중요한 것에만 집중하라."입니다. 다시 말해 삶의 에너지는 유한하니 방향을 잘 설정해야 한다는 것이죠. 이 책은 '덜어내기'라는 철학적 명제에 집중해 수많은 독자에게 공감을 얻었습니다.

JK. 롤링의 『해리 포터』 시리즈에서도 명확한 핵심 메시지를 발견할 수 있습니다. 그 메시지는 바로 "사랑과 용기는 어떠한 마법보다 강하다."입니다. 시리즈 내내 반복되는 테마이자, 독자들이 오랜 세월이 지나도 놓지 않는 메시지이지요.

김훈의 『칼의 노래』에서도 핵심 메시지는 선명합니다. "삶은 감당하는 것이다." 이 짧은 문장은 이순신이라는 인물을 통해 전쟁과 인간의 숙명을 견뎌내는 태도를 관통합니다. 단지 역사적 사실만을 나열하는 게 아니라 그 속에서 삶을 바라보는 시선이 응축돼 있기에 울림이 큰 것입니다.

핵심 메시지가 선명한 글은 독자의 마음속에 오래 남습니다. 왜냐하면, 사람의 뇌는 긴 이야기보다 '핵심만 요약된 문장'을 더 쉽게 기억하기 때문입니다. 사용자 경험(UX) 연구로 유명한 닐슨 노먼 그룹(Nielsen Norman Group)의 보고서에 따르면, "웹 사용자는 방문 후 처음 10초 이내에 해당 페이지를 계속 볼지 말지를 결정한다."라고 합니다.(출처: How Long Do Users Stay on Web Pages?) 즉, 독자가 짧은 시간 안에 글의 핵심을 파악하지 못하면 정보는 마음에 닿기도 전에 흘러가 버릴 가능성이 크다는 것입니다. 따라서 글을 쓸 때는 중심 문장을 얼마나 뚜렷하게 설정했느냐가 글의 영향력을 좌우합니다.

『죽고 싶지만 떡볶이는 먹고 싶어』의 백세희 작가는 자기 이야기를 있는 그대로 솔직하게 풀어내면서도, 독자에게 던지는 메시지는 단 하나입니다. "마음이 아픈 건 약한 게 아니에요. 그냥 아픈 거예요." 이 문장은 책 전체를 아우르는 주제문이자 독자가 끝까지 책을 읽게 만드는 중심 메시지입니다. 독자들은 이 문장을 통해 위로받고, 책에 계속 머무를 이유를 찾게 되지요.

이처럼 훌륭한 글의 이면에는 늘 '핵심 메시지'가 분명하게 자리하고 있습니다. 핵심 메시지가 있는 글은 방향이 있고, 울림이 있으며, 기억에 남는다는 공통점을 갖습니다. 자기 이야기를 있는 그대로 솔직하게 풀어내면서도, 독자에게 던지는 메시지는 단 하나입니다.

핵심 메시지를 선명하게 하는 법

그렇다면 어떻게 내 글의 핵심 메시지를 분명히 할 수 있을까요? 아래 세 가지 질문을 스스로에게 던져보세요.

① 이 글을 통해 나는 무엇을 말하고 싶은가? 말하고 싶은 것이 여러 개라면 그중 '하나만' 고르세요.
② 이 글을 읽는 독자가 무엇을 느꼈으면 하나요? 감동? 공감? 깨달음? 재미? 느낌의 목표를 정하세요.
③ 그 메시지를 한 줄로 요약하면 어떻게 될까요? 20자 이내로 줄여보는 연습을 해보세요. 예를 들어 "당신은 소중한 사람입니다." 이 질문에 답을 하며 글을 쓴다면 이야기의 방향이 자연스럽게 정리되고 흔들리지 않는 중심을 가질 수 있습니다.

주제문은 '이 글을 왜 쓰는가'의 대답이다

주제문이란 한 편의 글이 전하고자 하는 생각, 느낌, 메시지를 가장 짧고 명확하게 표현한 문장입니다. 이는 저자의 핵심 사고를 응축한 한 줄 요약으로, 글을 끌고 가는 정신적 기둥이자 출발점이라 할 수 있습니다. 주제문은 이야기의 핵심 감정선과 의미를 한 문장으로 잡아주는 역할을 하며, 독자는 이 주제문을 통해 글쓴이의 시선과 방향을 예측하게 됩니다. 그래서 주제문을 '글의 심장'이라 부르기도 합니다.

글을 쓰기 전에 스스로에게 이렇게 물어보세요. "내가 지금 이 장면을 왜 쓰고 있지?" "이 이야기에서 독자에게 가장 전하고 싶은 감정은 무엇일까?" "이 글을 다 읽고 나면 독자의 마음에 어떤 말 한 줄이 남았으면 좋겠지?" 이 질문에 대한 대답이 바로 주제문입니다. 주제문이 분명해질수록, AI와의 협업도 훨씬 정밀하고 강력해집니다. 예를 들어 '그날 아버지가 운동장에 온 건, 사랑을 말하지 않아도 표현할 수 있다는 걸 보여준 순간이었다.' '나는 어릴 적부터 사람들의 표정을 먼저 읽는 아이였다. 그것이 나의 생존 방식이었다.' 이런 한 줄의 문장이 정해지면 AI는 이 메시지를 중심으로 에피소드를 구성하고, 감정을 입히고, 군더더기를 덜어내는 작업까지 훨씬 수월하게 도와줍니다.

신문의 사설이나 칼럼, 에세이를 보면 거의 대부분 첫 문단에 주제문이 들어가 있습니다. 독자는 이 주제문을 보고 이 글을 읽을지 말지 결정합니다. 자기역사 쓰기도 마찬가지예요. 강렬한 주제문은 독자를 끌어당기는 힘이 있습니다.

주제문이 빛나는 작품들

① 김수현 작가의 『나는 나로 살기로 했다』

"삶이란 이럴 수도 저럴 수도 있는 것일 뿐, 그 어떤 삶도 잘못된 것이 아니라는 사실."

이 문장은 책 속 「나의 삶을 존중할 권리를 말할 것」 중 한 구절로 저자가 독자에게 전하고 싶은 핵심적인 생각을 담고 있습니다. 자기 삶에 대한 불안을 느끼는 이들에게 '지금 그대로의 나를 인정하고 살아갈 권리'를 말하는 책의 주제문 역할을 합니다. 많은 이들이 이 한 줄에 위로를 받고 인생의 방향을 되돌아보게 됩니다. 실제로 이 책은 국내외에서 폭넓게 사랑받으며 '나로 살기'라는 시대정신을 만들어냈습니다. 단단한 메시지 덕분에 수많은 독자들에게 '내 이야기 같다'라는 공감을 이끌어 베스트셀러가 되었습니다.

② 김민철 작가의 『모든 요일의 기록』

"쓴다는 것은 나에게 무슨 의미일까."

이 문장은 『모든 요일의 기록』의 마지막 장 「쓰기 위해 산다」의 첫 구절로 글 전체를 관통하는 주제문이자 작가의 정체성을 드러내는 핵심 문장입니다. 김민철 작가는 카피라이터로서 '기록'이라는 행위를 통해 자신을 이해하고, 일상을 창조적으로 바라보는 시선을 이끌어냅니다. 그는 "읽고, 듣고, 보고, 경험하고, 그 모든 행위의 끝에 쓰기가 있다"라고 고백하며 결국 쓰는 일은 삶을 살아내는 방식임을 이야기합니다.

③ 공지영 작가 『너는 다시 외로워질 것이다』

"해가 있어야 싹이 튼다고 생각하지만, 어둠 속에서야말로 싹이 트고 꽃이 피어난다는 것."

이 문장은 『너는 다시 외로워질 것이다』에 수록된 「놓아 줌으로써 사랑은 완성된다」 중 한 구절로 고독과 상처, 회복의 시간을 온전히 받아들이는 작가의 깊은 통찰이 담겨 있습니다. 하동과 예루살렘을 오가는 순례의 여정 속에서 발견한 삶의 본질을 상징적으로 표현하고 있지요. 어둠 속에서야 비로소 성숙

한다는 메시지는 이 책 전체를 관통하는 주제문 역할을 합니다. 공지영 특유의 묵상적 언어와 감정의 진폭이 독자의 마음에 여운을 남기며, 스스로의 감정을 조용히 들여다보고 받아들이게 만듭니다.

주제문을 최적화하는 실전 비법에 대해 알아볼까요? 먼저 글을 다 쓴 후에 핵심 문장을 뽑아보세요. 처음부터 주제문을 정하기 어려운 경우가 많습니다. 이럴 땐 먼저 자유롭게 글을 쓴 다음 가장 강렬한 문장 하나를 찾아보세요. 그리고 그 문장을 앞에 세워보는 거예요.

그 다음 AI에게 "이 글의 핵심이 뭐야?"라고 물어보세요. 글의 흐름을 분석해 핵심 메시지를 압축하는 데 도움이 될 거예요.

마지막으로 주제문을 한 문장으로 말하는 연습을 해보세요. 누군가가 "이 글은 무슨 내용이야?"라고 물었을 때 주저 없이 한 문장으로 대답할 수 있다면 주제문 최적화에 성공한 것입니다.

명확한 메시지는 독자의 마음에 닿는다

핵심 메시지와 주제문이 선명할수록 독자는 글을 오래 기억합니다. 무엇보다 자기역사 쓰기는 나의 목소리를 찾는 글쓰기입니다. 내 삶에서 가장 전하고 싶은 말이 무엇인지 분명히 정하고, 그 말을 중심으로 이야기를 구성하세요. AI는 그 과정을 함께할 수 있는 훌륭한 코치입니다. "이 글의 중심을 요약해 줘", "이야기의 주제를 한 문장으로 정리해 줘" 같은 요청을 통해 글의 뼈대를 강화하고 메시지를 분명히 할 수 있습니다. 한 문장의 힘을 믿으세요. 그 문장이 당신의 이야기를 독자의 마음에 오래 남게 해줄 것입니다.

중요한 것은 이 모든 글쓰기의 시작이자 중심에 있는 '핵심 메시지'를 명확히 잡는 것입니다. 핵심 메시지를 중심에 두면 글이 단단해지고 독자에게 깊이 와닿습니다. 그러니 오늘도 묻고 또 묻는 연습을 해보세요. "내가 진짜 하고 싶은 말은 무엇인가?" 그 질문에 답을 찾는 순간 당신의 글은 이미 반 이상 완성된 것입니다.

6. AI의 감각적 표현에 나만의 감성을 더하기

AI의 감각적 표현+나만의 감성=한 편의 문학 작품

왜 감각적 표현이 중요할까요? 감각적 표현은 문장의 향기입니다. 그 향기는 독자의 마음을 사로잡고, 감정을 흔들며, 기억

속 장면을 생생하게 불러냅니다. 단어는 단순한 정보 전달을 넘어 마음을 움직이는 감정의 매개체이기 때문입니다. 단어가 감정을 데려오고, 감정은 기억을 붙잡아두지요. 예를 들어 "가슴이 아팠다."라는 문장은 감정의 상태를 설명해 줍니다. 하지만 이렇게 바꿔보면 어떨까요? "숨을 삼킬 때마다 폐부 깊은 곳을 유리 조각이 찔렀다." 이 문장은 그 고통을 독자가 함께 느끼게 합니다. 그 마음을 단지 설명하는 것이 아니라 눈앞에 그려 보여주는 것이지요. "나는 울었다."라는 말 대신 "눈물이 종이 위에 떨어져 목소리를 냈다."라고 하면 그 순간의 감정이 이미지로 살아납니다. 훨씬 더 오랫동안 독자의 마음에 남게 되는 이유입니다. 정리하자면 감각적 표현은 이미지와 감정 사이를 잇는 다리입니다. 그 다리를 건너간 독자만이 글 속 장면에 머물 수 있고, 그 장면 속 감정을 함께 경험할 수 있는 것이지요.

　　AI는 감각적 표현을 찾는 데 도움을 줍니다. 내가 "속이 답답했다."라고 표현하면 AI는 그 감정을 살려 "슬픔이 커튼 사이로 흘러들었다."처럼 보이지 않는 감정을 보이게 만들어줍니다. 하지만 감성은 오직 나만이 불어넣을 수 있다는 것을 기억하세요. AI는 정교한 뼈대를 세우고 감각적인 언어의 스케치를 완성해 줍니다. 하지만 그 위에 온기를 더하고 숨결을 불어 넣는 일은 오직 나만이 할 수 있는 고유한 작업입니다. AI의 감각에 나만의 감성을 더해 문학이 되는 순간. 이제 그 공식으로 당신의 삶, 당신의 이야기, 그리고 당신의 기억을 한 편의 문학 작품으로 바꿔보는 여정을 함께 시작해 볼까요?

AI가 알려준 감각적 표현 예시 50선

AI는 다음과 같이 다채롭고 문학적인 표현들을 순식간에 만들어 냅니다. 단순히 "예쁘다", "좋다"에서 벗어나 공감각적이고 역설적인 문장들이 마치 시처럼 살아 숨 쉬는 것 같지요. AI가 추천한 표현들 중에서 가장 감각적이고 시적인 50개를 소개합니다.

1) 시각적 표현

눈부신 침묵이 방안을 가득 채웠다.

햇살이 마루 위를 천천히 기어갔다.

고요가 손끝에서 반짝였다.

그림자가 나를 조용히 따라왔다.

시간은 오래된 액자 속에서 흐르고 있었다.

먼지조차 숨을 죽이고 있었다.

미소가 창밖으로 새어 나갔다.

달빛이 창틀에 걸려 울고 있었다.

낙엽이 무겁게 떨어지며 기억을 건드렸다.

붉은 노을이 내 안의 오래된 설렘을 흔들었다.

2) 청각적 표현

고요 속의 고함이 귀를 찔렀다.

바람이 귓속에서 비밀을 속삭였다.

침묵이 깃털처럼 무겁게 내려앉았다.

오래된 시계소리가 심장처럼 뛰고 있었다.

책장이 사각이며 시간을 넘겼다.

발자국 소리가 기억의 복도에 울렸다.

웃음이 벽을 타고 흐르고 있었다.

빗방울이 유리창을 두드리며 자장가를 불렀다.

나뭇잎이 서로 부딪히며 옛 노래를 부르는 듯했다.

어머니의 숨소리가 저녁 공기 속에 섞여 있었다.

3) 후각적 표현

커피 향기가 잊고 있던 오후를 깨웠다.

김치찌개의 향이 어릴 적 식탁을 소환했다.

책 냄새가 학창시절의 공포와 설렘을 동시에 불러왔다.

먼지 속에 숨어 있던 향수가 코끝을 건드렸다.

겨울 찬바람에 섞인 군고구마 냄새가 할머니를 떠올리게
했다.

4) 미각적 표현

첫사랑처럼 달콤하고 쓸쓸한 커피 맛이었다.

엄마 손맛이 입 안에서 계절을 돌려주었다.
된장의 짠맛이 어릴 적 눈물과 비슷했다.
바삭한 튀김소리와 함께 고소한 추억이 퍼졌다.
초콜릿이 혀끝에서 불안함을 녹이고 있었다.

5) 촉각적 표현

바람이 목덜미를 쓰다듬고 지나갔다.
따뜻한 손이 얼어붙은 마음을 녹였다.
이불이 나를 포근하게 감싸 안으며 안심시켰다.
비누 거품이 어릴 적 엄마의 손길처럼 부드러웠다.
오래된 편지의 거친 질감이 그리움을 문질렀다.

6) 공감각(감각 간 전이)

푸른 종소리가 울렸다. 시각 → 청각
기억은 노란 냄새로 피어올랐다. 시각 → 후각
소리가 번개처럼 번뜩였다. 청각 → 시각
목소리가 벨벳처럼 부드럽게 느껴졌다. 청각 → 촉각
햇살이 입안에서 달콤하게 녹아내렸다. 시각 → 미각/촉각
그의 말투는 은빛으로 반짝였다. 청각 → 시각
그리움은 서늘한 바람 냄새를 품고 있었다. 감정 → 후각
눈부신 고요가 귓가에 맴돌았다. 시각 → 청각
이야기가 혀끝에서 따뜻한 맛으로 번졌다. 청각 → 미각

노래가 피부 위를 미끄러지듯 흘렀다. 청각 → 촉각

분홍빛이 귀 안에서 속삭였다. 시각 → 청각

노란 웃음이 방 안 가득 퍼졌다. 시각 → 청각

피아노 소리가 새벽의 이슬처럼 반짝였다. 청각 → 시각

목소리가 손끝을 간질였다. 청각 → 촉각

음악이 하늘에서 파란 잎사귀처럼 흩날렸다. 청각 → 시각

감각 표현에 '나만의 감성'을 입히기

감각 표현은 단지 예쁜 문장을 만들기 위한 기교가 아닙니다. 감각을 통해 나만의 진짜 이야기를 끌어내는 것, 그것이야말로 감각 표현의 본질적인 힘입니다. 감각은 하나의 열쇠입니다. 그 열쇠를 어떻게 돌리느냐에 따라, 오래된 기억의 문이 열릴 수도 있고, 감춰두었던 감정의 빛이 새어 나올 수도 있습니다.

예를 들어, "달빛이 창틀에 걸려 울고 있었다."라는 문장을 만났다고 해볼까요? 그 문장이 예쁘다고만 느껴진다면, 감상은 그 자리에서 멈추고 맙니다. 하지만 그 문장을 읽는 순간, 어느 늦은 밤 불 꺼진 방 안에서 울음을 삼키며 혼자 견디던 자신의 모습이 떠오른다면 이야기는 달라집니다. 그 문장은 더 이상 타인의 문장이 아닙니다. 당신의 기억과 감정이 덧입혀지는 순간, 그 문장은 당신만의 문장으로 다시 태어납니다.

그 감정을 따라가다 보면, 머릿속에는 자연스레 하나의 장

면이 그려지고, 그 장면은 곧 글의 첫 문장이 됩니다. 예를 들면 이렇게요. "달빛이 창틀에 걸려 울고 있었다. 나는 그날 밤, 엄마가 병원에 누워 있다는 걸 처음 알았다." 이처럼 감각적 표현은 기억을 깨우고, 감정을 움직이며, 결국 당신의 삶을 한 편의 에세이로 이어주는 실마리가 되어줍니다.

감각은 바깥에서 들어온 빛이고, 감성은 그 빛을 반사하는 내면의 거울입니다. AI는 그 빛을 만들어줄 수는 있지만, 그 빛에 당신만의 색을 입히는 일, 그것은 결국 글을 쓰는 이의 몫입니다.

내 안의 이야기를 깨우는 '감성글쓰기 ART 원칙'

감성글쓰기 ART 원칙은 글쓰기를 통해 내면의 기억과 감정을 깨우고 이를 문학적 언어로 표현하는 데 도움을 주는 방법입니다. Awaken(감각 깨우기), Remember(기억 꺼내기), Tell(감성 표현하기)의 세 단계로 이루어집니다. 각 단계는 자신의 감각과 감정을 떠올리고, 이를 바탕으로 나만의 이야기를 만들어갑니다.

왜 '기억을 깨우는 질문'이 필요할까요?

많은 분들이 이렇게 말합니다.

"진짜, 저는 쓸 얘기가 없어요."

“기억이 잘 안 나요.”

“그냥 평범하게 살아왔는데, 뭐가 특별하겠어요?”

진짜는 그 반대입니다. 기억이 없는 게 아니라, 감정이 담긴 기억의 문을 아직 열지 않았을 뿐이에요. 그 문을 여는 열쇠는 바로 '좋은 질문'입니다. 이제부터 소개하는 질문 리스트는 당신 안에 잠들어 있던 감각과 기억을 깨우기 위한 작은 불씨입니다. 순서는 중요하지 않아요. 마음에 닿는 질문 하나에만 답해도, 그 날의 첫 문장이 시작될 수 있어요.

내 안의 이야기를 깨우는 질문 리스트

: 한 가지 질문에만 답해도, 오늘의 한 줄 글쓰기가 시작됩니다.

1) Awaken | 감각 깨우기: "무엇이 당신의 감각을 흔들었나요?"

요즘 가장 마음에 남은 문장 혹은 말 한마디는 무엇인가요? 왜 그 말이 마음에 남았나요?

최근에 "참 예쁘다" 혹은 "아프다"라고 느낀 장면이 있었다면 언제였나요?

어느 계절, 어떤 풍경을 떠올리면 마음이 먼저 움직이나요?

당신에게 '달빛', '바람', '창문'은 어떤 느낌으로 다가오나요?

오늘 하루 중 감각이 가장 예민해졌던 순간은 언제였나요?

2) Remember | 기억 꺼내기: "그때, 당신은 어디에 있었나요?"

방 안에 혼자 있었던 밤, 가장 오래 기억에 남는 순간은 언제인가요?

'그날의 냄새' 혹은 '그날의 빛'이 선명하게 떠오르는 기억이 있나요?

지금 떠오르는 어떤 사람, 그 사람과 함께한 특별한 순간은 언제였나요?

가장 잊히지 않는 창밖 풍경은 어떤 모습이었나요?

슬픔, 기쁨, 두려움 중 하나의 감정을 가장 강하게 느꼈던 기억은 언제인가요?

3) Tell | 감성 표현하기: "그 감정을 한 줄로 표현한다면?"

그날의 당신을 지금 한 문장으로 표현해본다면, 어떤 말이 떠오르나요?

그 기억을 누군가에게 말해준다면, 어떤 문장부터 시작하고 싶나요?

그때의 마음이 색깔이었다면 어떤 색이었을까요?

그 순간을 하나의 이미지로 남긴다면, 어떤 장면이 될까요?

감정이 하나의 목소리였다면, 당신에게 뭐라고 속삭였을까요?

7. AI 리라이팅 비법

잠든 감정 깨우기

"훌륭한 예술가들은 모두 자기 자신을 그린다."

잭슨 폴록의 이 말처럼 '자기역사 쓰기'는 결국 내가 나를 글로 그려내는 일입니다. 그림에 색이 필요하듯, 글에는 다양한 언어의 색감과 감정의 붓터치가 필요하지요. 그렇지만 처음부터 그려내기가 어디 쉽던가요?

글에는 삶의 실타래를 하나씩 풀어내는 고백이 스며 있습니다. 자기역사 쓰기 수업에서 만난 은형씨는 만감이 교차하는 듯 자신의 이야기를 꺼냈습니다. 컴퓨터공학을 전공했지만, 사실 그것이 좋아서라기 보다는 어쩔 수 없이 선택한 길이었다고 해요. "공부 잘한다는 이유로, 취업이 잘된다는 이유로, 미래가 밝다는 이유로…" 그 모든 '이유들'이 정작 자신은 빠진 채 정해진 것 같았다고 털어놓았지요. 그러다 어느 날 문득 쉬는 날이면 어김없이 책과 마주하고, 미술관을 기웃거리는 자신을 발견했다고 합니다.

"알고 보니 제가 문과생이었던 거예요. 숨겨진 본성은 그

쪽이었는데…"

그는 말끝을 흐리며 웃었지만, 그 웃음 너머엔 엉뚱한 길을 돌아 돌아 이제야 마음이 향하던 곳에 다다른 사람이 느끼는 담담한 심정이 배어 있었습니다. 은형씨는 말을 이었어요.

"그래서 결심했답니다. 이번엔 진짜 저를 한번 정리해보고 싶어요. 쓰면서라도요."

하지만 막상 글을 쓰기 시작하자 '좋다, 행복했다, 위로가 되었다' 같은 말들이 자꾸 반복되었다고 해요.

"이과생은 글쓰기랑 안 맞나 봐요."

자신을 자책하는 듯한 은형씨의 말에, 저는 부드러운 목소리로 건넸습니다.

"그건 오히려 시작이라는 증거예요. 반복되는 단어 속에서, 진짜 감정이 하나씩 떠오르거든요."

한편, 73세의 영순님은 처음부터 자신감 없이 수업에 참여했습니다.

“나는 배운 게 없어서 그런지 내가 쓴 글을 내가 읽어도 재미도 없고, 읽을 맛도 안 나요.”

그분의 글에는 늘 ‘그랬다’, ‘그래서’, ‘그렇게’와 같은 단순한 연결어들이 이어졌습니다. 하지만 저는 그 글에서 몇 번이나 인생의 골목을 돌아왔을지 모를 짙은 세월의 무늬를 느낄 수 있었어요.

“제가 살아온 게 너무 밋밋해서 글맛이 없어요.”

영순님의 이 표현은, 어쩌면 ‘맛깔스러운 글’을 써보고 싶은 바람이 담긴 말이었는지도 모릅니다. 영순님은 자신이 반복된 표현만 쓴다며 ‘나는 가방끈이 짧아서 그렇다’고 하셨지만, 사실은 가방끈이 아니라 마음속 이야기가 가득한 분이셨어요.

이처럼 젊은 사람은 살아온 시간이 부족해서, 어르신은 배움이 짧아서 자기 글이 밋밋하고 지루하다고 말하곤 합니다. 하지만 저는 그렇게 생각하지 않아요. 모든 사람 안에는 아직 말로 다 꺼내지 못한 감정의 색감과 언어의 씨앗들이 숨어 있거든요. 어쩌면 한 번도 입 밖에 내보지 못했던 내면의 어휘들, 그 감정과 말들은 말이 되지 못한 채 가슴속 어딘가에 조용히 머물러 있는지도 모르지요.

AI 리라이팅은 그 고요한 자리로 천천히 손을 뻗는 일입니다. 잊고 있던 감정에 말을 걸고 무뎌진 표현에 생기를 불어넣지요. 글 속에서 반복되고 흐려졌던 감정, 미처 꺼내지 못했던 진심, 그리고 '나답게 말하고 싶다'는 오래된 바람에 아주 조심스레 닿습니다.

단순히 문장을 바꾸는 게 아니라, 마음속 이야기를 밖으로 꺼내는 섬세한 손길입니다. 삶의 결을 따라 감정을 살려내는 정갈한 붓질이자, 잠들어 있던 나의 언어를 다시 깨워주는 다정한 흔들림입니다.

같은 수준의 목표, 다른 표현 방식

밴자민 블룸(Benjamin Bloom)은 1956년 『Taxonomy of Educational Objectives』에서 교육 목표를 여섯 단계(기억-이해-적용-분석-종합-평가)로 나누며 이렇게 말했습니다. "학생들이 같은 수준의 학습 목표에 도달하더라도, 표현 방식은 다양해야 한다."

'좋았다'라는 말 하나로만 감정을 표현하는 건 '기억' 수준에 머무는 글쓰기예요. 하지만 AI의 도움을 받아 감정을 다양한 방식으로 풀어낸다면 그건 '이해하고', '적용하고', '재구성하는' 글쓰기, 곧 더 높은 단계의 글쓰기가 되는 거지요.

원문	리라이팅
오늘은 정말 좋았다. 날씨도 좋았고, 친구들도 좋아서 기분이 좋았다.	오늘은 감동적인 하루였다. 따사로운 햇살에 마음이 포근했고, 친구들과 만나서 활력을 되찾았다.
나는 기뻤다. 너무 기뻐서 눈물이 날 뻔했다. 기쁨은 멈추지 않았다.	나는 가슴이 벅차올랐다. 눈시울이 붉어졌고, 그 감정은 오래도록 내 안에 머물렀다.
그때는 행복했다. 정말 행복했다. 지금 생각해도 행복한 기억이다.	그때 느꼈던 행복은 시간이 지나도 변하지 않는다. 지금도 그 순간을 생각하면 마음이 환해진다

AI는 반복되는 단어를 감지해 동의어나 감성 표현으로 자연스럽게 변형해 줍니다. 마치 우리의 감정을 번역하듯 같은 느낌을 다른 말로 풀어내 주지요.

문장의 '톤 앤 매너'를 살려라

글의 품격을 높이기 위해 단어의 수를 늘리는 것만으로는 부족합니다. 진짜 세련된 문장은 단어의 조합뿐 아니라, 문장의 리듬과 어조, 분위기까지 어우러질 때 완성됩니다. '톤 앤 매너' 란 마치 말투와 표정 같은 것이기에 같은 내용이라도 어떻게 말 하느냐에 따라 완전히 다른 인상을 주지요. 이를테면 "그날은 좋았다.”라는 말보다 “그날은 마음 깊숙한 곳까지 햇살이 스며들었다.”가 훨씬 감각적이고 따뜻하게 다가오지 않나요?

만약 글을 요리라고 한다면 반복된 단어는 싱거운 양념이라 할 수 있습니다. AI 리라이팅은 같은 재료를 가지고도 더 깊은 풍미를 끌어내는 비법 소스 같지요. 같은 감동을 전하더라도 “가슴이 울컥했다”, “눈물이 핑 돌았다”, “숨이 멎는 듯했다”처럼 다양하게 풀어낼 수 있습니다. 표현이 비슷하게 반복되면 독자는 그 문장을 스치듯 지나치게 되지만, 다채로운 문장 톤은 독자의 시선을 붙잡고 마음을 움직입니다. 내 문장을 온기와 품격이 감도는 글로 끌어올리는 일. 이것이 AI 리라이팅의 힘입니다.

말의 반복이 글을 힘을 갉아먹을 때

숫자는 때로 말보다 강합니다. 2022년 한국교육개발원의 [독서이해력 인지 연구 보고서]에 따르면 1,000자 분량의 글에서 같은 단어가 5회 이상 반복되면 독자의 몰입도는 평균 27%나 감소했다고 해요. 당신이 에세이를 읽고 있는데 첫 문단부터 ‘좋았다’, ‘좋았다’, ‘참 좋았다’, ‘정말 좋았다’가 이어진다면? 처음엔 공감이 되겠지만, 세 번째쯤엔 ‘이 말 말고는 없나?’라는 생각이 들 수도 있어요. 그렇다면 이렇게 바꾸면 어떨까요?

원문	리라이팅
그날은 정말 좋았다.	그날은 마음 속에 잔잔한 햇살이 내리던 날이었다.

표현이 다양해질수록, 독자는 글에 더 오래 머물고, 더 깊이 공감하게 됩니다. AI는 바로 이 반복을 잡아주고 독자의 시선이 머무는 문장으로 우리를 이끌어줍니다.

반복되는 표현을 줄이면 글은 그만큼 '한 걸음' 더 나아갑니다. 글쓰기는 결국 '감정'과 '생각'를 언어로 옮기는 작업이지만, 우리는 종종 익숙한 단어나 문장 구조에 기대게 되지요. 예를 들어 "그랬다", "그렇게 됐다", "그래서" 같은 말들은 습관처럼 자주 쓰게 됩니다. 특히 글쓰기에 익숙하지 않은 분일수록 이런 '안전한 문장'에 의지하게 되기 마련입니다. AI는 그런 나의 언어 습관을 읽어냅니다. 그리고 따뜻하게 말을 건넵니다. "이 말, 자주 쓰시네요". "이 말 대신 이런 식으로 바꿔보면 어떨까요?" 하고 살짝 방향을 틀어주는 것이지요. 그건 단순한 교정이 아닙니다. 문장이 달라진다는 건 곧 사고의 틀이 넓어지고 감정의 결이 깊어진다는 뜻입니다. 내 글이 조금씩 달라진다는 것은 결국 내가 성장하고 있다는 증거이기도 하지요. 무엇보다 글이 바뀌는 순간, 나는 내가 써 내려간 문장들을 통해 '나 자신'과 다시 마주하게 됩니다. 가령, "나는 힘들었다."라는 문장을 "그 시절, 나는 내 그림자와도 대화할 힘이 없었다."처럼 바꿔보세요. 같은 감정이지만 훨씬 더 섬세하고 깊게 와닿지 않나요?

리라이팅은 단순히 글을 고치는 작업이 아닙니다. 그 초고를 여러 번 다듬으며 '진짜 내 목소리'를 찾아가는 여정에 더 가깝습니다. 처음엔 거칠고 어색했던 문장도 한 번, 두 번, 세 번 정성껏 손보면 마치 조각가가 원석을 깎아 작품을 빚어내듯 문장에도 윤이 돌고, 마음도 더 맑아집니다.

실제로 노벨문학상 수상 작가 어니스트 헤밍웨이는 『무기여 잘 있거라』의 마지막 문장을 완성하기까지 무려 47가지 버전을 썼다고 전해집니다. 단 하나의 문장을 위해 수없이 고치고 다듬기를 반복했지요. 그 치열한 다듬음 끝에, 마침내 한 문장에 생명이 불어넣어진 것입니다.

우리에게도 이런 글쓰기의 시간이 필요합니다. 그리고 그 과정을 함께해 줄 든든한 동반자가 바로 AI 리라이팅입니다. AI는 내가 자주 쓰는 말의 습관과 문장의 흐름, 감정의 결을 읽어냅니다. 그 위에 내 말투와 표현의 온도를 그대로 살리면서도 조금 더 다듬어진, 부드럽고 단단한 문장으로 안내해 줍니다. 마치 옆에서 조용히 등을 토닥이며 "이 말, 이 방향이 어떨까요?" 하고 길을 살짝 밝혀주는 존재처럼요. 몇 번이고 문장을 고치다 보면 문득 이런 순간이 찾아옵니다.

'그래, 바로 이거였어. 이게 내가 정말 하고 싶던 말이었지.'

글쓰기는 단어를 나열하는 기술이 아니라, 내 안의 진심을 가장 솔직하게 말해주는 단어 하나를 찾아가는 여정입니다. 그리고 그 여정에서 AI는 불필요한 반복을 덜어내고, 내가 미처 발견하지 못한 감정의 결까지 끌어올려 더 또렷하고 진심 어린 문장으로 바꾸는 '투명한 거울'이 되어줍니다.

이제 초고는 완성되었습니다. 다음 단계는 그 이야기에 설득력과 깊이를 더해, 독자의 마음을 사로잡는 문장으로 다듬는 일입니다. AI는 그 모든 과정에서 묵묵히 당신의 곁을 지켜줄 것입니다.

Day 4.

몰입감 UP!
독자를 끌어당기는 매력 더하기

1. 챕터 간 연결을 자연스럽게 ┘

글에 '끌림'을 더하다

세상에 단 하나뿐인 당신의 이야기가 누군가의 마음에 닿지 못한다면, 그 얼마나 안타까운 일일까요? 아무리 진심을 담았고, 감동적인 순간들을 꾹꾹 눌러 담았더라도, 읽히지 않는 글은 아직 완성되지 않은 글입니다. 이제는 '나만 알고 있는 이야기'를 넘어서, '함께 공감받는 이야기'로 나아가야 할 때입니다. 그러려면 독자의 시선을 글고, 마음을 붙잡는 '몰입의 기술'이 필요합니다. 도입은 강렬하게, 챕터 간 연결은 자연스럽게, 결말은 오래도록 여운이 남게. 그렇게 쓴 글을 독자를 끝까지 이끕니다.

Day 4에서는 AI 편집의 마법을 활용해 독자의 집중력을 사로잡고 당신만의 퍼스널 브랜딩까지 녹여내는 한 단계 깊은 글쓰기를 배워봅니다. 자, 이제 내 글에 '끌림'을 더해볼까요?

"좋은 글은 한 편의 여행과도 같아요. 중간에 끊기면 길을 잃고, 자연스럽게 이어지면 끝까지 가고 싶어지죠."

이건 제가 글쓰기 수업 중 자주 꺼내는 말입니다. 자기역사 쓰기수업을 하다 보면, 챕터 하나하나를 정말 정성스럽게 써

오시는 분들이 많습니다. 그런데 막상 챕터와 챕터 사이를 어떻게 연결해야 할지 몰라 맥락이 툭 끊기고, 감정선도 흐려지는 경우를 종종 봅니다. 아무리 좋은 에피소드라도 그 사이를 잇는 다리가 없으면, 독자는 쉽게 이야기 속에서 길을 잃습니다. 챕터 간 자연스러운 연결은 글 전체를 하나로 묶는 직조된 무늬처럼 작지만 중요한 역할을 합니다. 단순히 문장을 이어 붙이는 기술이 아니라, 앞에서 흐르던 감정이 다음 장면까지 스며들 수 있도록 감정과 사건을 엮어주는 작업이지요. 잘 직조된 천이 실 한 올 한 올이 모여 아름다운 무늬를 이루듯, 글도 각 장면이 매끄럽게 이어질 때 하나의 완전한 그림을 만들어 냅니다. 독자는 그 무늬를 따라가며 저절로 이야기에 몰입하고, 끝내는 당신이라는 사람에게 다가가는 것입니다.

끊김은 단지 문장의 기술이 부족해서만 생기지 않습니다. 글을 쓰다 보면 누구나 마음 한구석에서 이런 생각을 마주하게 됩니다. '내가 작가도 아닌데, 이렇게 써도 괜찮을까?' '이야기를 털어놨다가 누가 비웃진 않을까?' '너무 감정적이라고 생각하지는 않을까?' '이쯤에서 그만두는 게 낫지 않을까?'

이런 생각들이 고개를 드는 건 마음속 어딘가에 '내면의 검열관'이 자리 잡고 있기 때문입니다. 그 검열관은 매번 이렇게 속삭입니다. "그 말, 너무 유치해." "그런 감정은 누구나 다 겪어. 특별할 것도 없어." "너 같은 사람이 무슨 글을 써?" 이 날 선 목소리에 눌려 결국 펜은 멈추고, 챕터와 챕터 사이는 공백으로 남아버리곤 하지요.

이럴 때 AI는 단지 문장을 연결해 주는 도구가 아닙니다. 글이 멈춘 그 지점에서 살며시 손을 얹고, 친구처럼 다가옵니다.

"괜찮아요, 이렇게 이어볼까요?"
"지금 멈춘 그 마음도 이야기의 일부일 수 있어요."

예를 들어 이런 문장 하나가 큰 용기를 건네기도 합니다.

"그 아픔은 나를 멈추게 했지만, 그 멈춤 속에서 나는 나를 다시 바라보기 시작했다. 그렇게, 나의 이야기는 또 다른 장으로 넘어간다."

실제로 그런 분이 계셨습니다. 70대 중반의 수연 선생님, 학예사 출신이셨지요. 말씀 한마디, 손끝의 움직임, 그리고 단아하게 머무는 미소까지도 참 곱고 정갈했습니다. 조용하고 단정한 말투, 진심 어린 경청, 그리고 잔잔히 스머드는 기품까지. 그야말로 '품격'이라는 단어가 꼭 어울리는 분이셨습니다. 수업을 함께 들으시던 분들이 자연스레 '선생님'이라고 부를만큼, 그 분은 품위가 있었어요. 그런데 어느 날, 수연 선생님께서 조심스럽게 말문을 여셨어요. "이 부분은 너무 부끄러워서 못 쓰겠어요." 20년 넘게 외면했던 기억 앞에서, 그분의 펜은 멈춰 있었습니다.

아무도 예상하지 못했던 이야기였지요. 남편에게 오랜 시간 가정폭력을 당해왔고, 이미 세상을 떠난 그를 굳이 다시 글 속에 꺼내야 할 이유가 있을까— 장성한 아이들의 얼굴에 먹칠할까 봐, 나 자신에게도 득 될 게 없다는 생각에 선생님은 그 이야기를 묻어놓고 살아왔던 겁니다.

"'선생님'이란 호칭이 저에겐 과분해요. 그냥 참고 버티며 살아온 인생이었거든요."

그 말은 낮고 조용했지만, 오랜 세월 눌려온 마음의 무게가 고스란히 실려 있었습니다. 그런데 그날, AI가 건넨 한 문장이 선생님의 마음을 흔들었습니다.

"한동안 나는 그 기억을 꺼내보지 않았다. 하지만 이제는, 그 시간마저도 내 삶의 일부로 안아주기로 했다."

그 문장은 오랫동안 잠겨 있던 마음의 문을 가만히 두드렸습니다. 수연 선생님은 아주 천천히, 그러나 분명히 그 문을 열기 시작하셨습니다. 그때 저는 깨달았습니다. AI는 단어를 고쳐주는 존재가 아니라, 때로는 사람의 마음을 다정히 만져주는 존재가 될 수도 있다는 것을요.

마음 가는 대로 써보기

이런 멈춤을 풀어낼 때 유용한 방법이 있습니다. 글쓰기를 처음 시작할 때나, 쓰다 말고 자꾸 망설여질 때, 저는 꼭 이 방법을 추천드려요. 『하버드 글쓰기 강의』의 저자 바버라 베이그는 글쓰기에서 가장 중요한 핵심 기술로 프리라이팅(Freewriting)을 꼽습니다. 그는 이렇게 말하지요. "프리라이팅은 마음 가는 대로 쓰기입니다. 편한 마음으로 아무런 부담도 없이(볼 사람은 아무도 없으므로) 약 10분간 펜을 놀려 재료를 모으는 것이죠. 문법이나 철자, 문장 구조, 어휘에 대한 걱정을 일체 배제하고 오로지 '할 말'을 찾아내기 위해 펜을 놀리는 작업입니다." 여기서 정말 중요한 포인트가 있어요. '잘 쓰는 것'보다 '진짜 하고 싶은 말'을 찾아내는 것. 글쓰기는 거기서부터 시작된다는 겁니다. 바버라 베이그는 또 이런 이야기도 해요. "창조와 비판은 동시에 켜지지 않는다."라고. 한마디로, 글을 쓸 때는 '쓰기'만 하고, 고칠 때는 '고치기'만 해야 한다는 거죠. 왜냐하면 창조적인 마음은 자유롭고 감정에 충실한 반면, 비판적인 마음은 논리와 구조에 예민하게 반응하거든요.

이 두 가지가 동시에 작동하면, 마음속에서 충돌이 일어나고 결국 글은 멈추게 됩니다. 마치 브레이크와 엑셀을 동시에 밟은 자동차처럼요. 앞으로 나아가고 싶은데, 무언가 자꾸 제동을 거는 느낌. 그게 바로 내면의 충돌이고, 우리가 느끼는 '글쓰기의 막힘'입니다. 그래서 글을 쓸 때는, 잠시 마음을 품고 생각나는 대로 써보는 거예요. 그 순간만큼은 나를 의심하지 않고, 나의 말에 귀 기울이며. 그게 시작이고, 그게 용기입니다.

AI는 따뜻한 편집 파트너

앞서 말한 과정이 어렵게 느껴진다면, 걱정 마세요. AI에게 편집을 부탁해보세요. 누구나 처음엔 서툽니다.

"물어봐야 되는 거는 알겠는데, 쓰고 고치는 건 정말 어렵네요."

많은 분들이 이렇게 말씀하세요. 그럴 때는 AI 편집 기능을 활용하시면 됩니다. 간단히 이렇게 요청해보세요. "챗GPT, 이 문장을 퇴고해줘." "좀 더 자연스럽게 수정해줘." 이 한마디면 충분합니다. AI 편집 기능은 단순한 보조가 아니라, 최고의 글쓰기 코치입니다. 문장의 매끄러움부터 어휘 선택, 표현의 뉘앙스까지 짚어 주고, 때로는 감정의 결을 다듬어 글 전체를 더 깊이 있게 만들어 줍니다. 덕분에 초고를 쓰는 두려움이 줄어들고, 글을 완성해 나가는 과정이 한결 수월해집니다. AI는 당신의 글을 평가하지 않습니다. 중복된 표현은 자연스럽게 덜어주고, 문장 사이사이를 부드럽게 연결해주며, 글의 전체 흐름도 정돈해 줍니다.

무엇보다도 AI는 이렇게 말하듯 제안합니다.

"이 부분, 이렇게 바꿔보면 어떨까요?"

지적하지 않고, 정답을 강요하지도 않지요. AI는 '검열관'이 아니라, 말없이 곁을 지켜주는 '편집 파트너'입니다. AI는 마치 글쓰기의 '감독'과도 같습니다. 영화 촬영 현장에서 감독이 배우에게 조심스럽게 디렉션을 주듯, "이 장면, 조금 더 자연스럽게 가볼까요?" 하고 말하는 것처럼요. AI도 이렇게 속삭입니다. "이 문장은 이렇게 다듬으면 흐름이 더 좋아질 것 같아요." 선택은 언제나 나의 몫입니다. 하지만 그 제안은 때때로 흐려진 나의 감정과 이야기의 방향을 다시 잡아주는 나침반이 되어줍니다.

글을 쓰는 첫 단계는, 내 안의 감정과 생각을 있는 그대로 꺼내보는 일입니다. 그건 '나와의 대화'이지요. 그리고 그 대화가 끝난 뒤에는, AI가 그 말을 더 많은 사람들에게 닿도록 다듬어주는 '통역사'가 되어줍니다.

이제는 '처음부터 완벽하게 쓰는 글쓰기'가 아니라, '완성에 이르게 하는 흐름 있는 글쓰기'를 시작해보세요. AI와 함께라면 그 흐름은 더 부드럽고, 더 따뜻하고, 무엇보다 더 '나답게' 이어질 수 있습니다.AI 편집의 마법은 문장을 잇는 능력이자, 사람의 마음을 이어주는 따뜻한 다리입니다.

2. 흡입력 있는 도입과 여운 있는 결말

글의 핵심을 담는 공간

"좋은 글의 시작에서 '왜 읽어야 하는지'를 말해주고, 끝에서는 '왜 이 글이 기억에 남는지'를 남겨줍니다."

이 말은 제가 자기역사 쓰기 수업에서 도입과 결말을 이야기할 때 자주 꺼내는 말입니다. 수업을 할 때 자주 이런 방식을 씁니다. 먼저 짧지만 인상적인 글의 도입문을 하나 소개합니다. 그다음, 수강생들에게 "이 다음 문장을 한번 이어서 써보세요." 하고 시간을 드립니다.

이어 쓰기가 끝난 뒤엔 원문 전체를 함께 읽습니다. 누군가는 "아직 갈 길이 멀었네요…." 하고 한숨을 쉬고, 또 누군가는 "어? 제 문장이 더 나은 것 같은데요?" 하며 웃음을 터뜨립니다.

그 짧은 순간에 표정이 바뀌고, 마음이 움직이고, 자신감이 싹트는 것을 지켜보며 저는 알게 됩니다. 한 단락의 글이 사람을 바꾸는 시작점이 될 수 있다는 사실을요. 그래서 저는 이 방법을 믿고 이어가고 있는 것입니다. 왜 이런 식으로 수업을 진행할까요? 이유는 단순합니다. 도입과 결말은 글 전체를 지탱하는 입구이자 출구이기 때문입니다. 도입은 독자의 손을 잡아끄는 첫 문장이자, '들어와도 좋아요'라고 말해주는 문턱입니다. 결말은 독자가 문을 나선 뒤에도 마음속에 오래 남는 잔향이자, 마지막 인사의 말이지요. 이 둘이 약하면 글 전체가 허약해집니다. 마치 문을 열고 들어갔는데 어수선한 방을 마주한 기분 같다고 할까요?

반대로 도입에서부터 따뜻한 조명이 켜져 있고, 잔잔한 향기가 감돈다면 그 글은 끝까지 읽고 싶어집니다. 그리고 문을 닫고 나서도 한동안 그 향기를 잊기 어렵겠지요.

도입부 쓰는 법

많은 분들이 글을 쓸 때 도입부에 대한 고정관념을 갖고 계세요. "강렬해야 한다, 임팩트가 있어야 한다!"이런 강박이 도입을 자극적인 표현으로 채우게 하거나, 억지스러운 문장을 만들게 하는 경우도 많습니다. 하지만 사실 도입이란, 사람을 소리치며 끌어오는 문장이 아니라 문을 살짝 열고 조용히 기다려주는 '손잡이' 같은 문장이면 충분해요.

미국에서는 아이들 때부터 에세이 쓰는 법을 배운다고 하죠. 그중 하나가 'hooker-sentence'로 시작하기—즉, 독자의 이목을 끄는 첫 문장 만들기입니다. 질문 하나, 인상적인 숫자 하나, 혹은 짧은 에피소드 하나만으로도 문은 충분히 열립니다.

1) "하루에 커피 몇 잔 드세요?"

2) "하루 커피 소비량은 무려 22억 잔."

3) "친구들과 단골 카페에 갔는데…"

이 중에서도 이야기를 담은 문장, 바로 에피소드형 도입이 가장 효과적입니다.

김도식, <머니투데이>, '스토리로 말하세요', 2023.07.16

도입 예시들을 함께 보겠습니다.

예시 1

때는 바야흐로 쌍팔년이었다. 단기로 쌍팔년(1955)년이 아니고 8자가 둘이 들어가는 서기 1988년, 강산(江山)의 경찰서에 새 서장이 온다는 소식이 4월에 전해졌다. 우리는 이제 좀 괜찮은 인물이 오는가 싶어 모일 때마다 서장에 대한 이야기를 나누었다

성석제, 『어머님이 들려주시던 노래』, 「만고강산」, 창비)

예시 2

절실한 소망은 돈 지갑을 뚫는다. 세르반테스의 돈키호테에 나오는 말이다. 서양 사람들의 지갑은 한국 사람들의 전대에 비하면 견고하기가 철갑이다. 재질이 철갑이

라는 말이 아니라 그만큼 열기가 힘들다는 말이다. 그런데 세르반테스는 소망이 그것을 뚫는다고 단언했다. 무슨 설명이 필요하겠는가. 소망의 위력이 그러하거늘.

이외수, 『공중부양』, 동방미디어

예시 3

스물두 평. 서른 살 여자의 공간이다. 여자는 아파트 문을 열고 집 안으로 들어왔다. 운동화와 슬리퍼가 가지런히 놓여 있는 좁은 현관에 구두를 벗어놓고 여자는 현관 바로 옆에 있는 조그만 방으로 들어갔다. 방 한쪽 구석에 자그마한 옷장이 있고 맞은편에 바퀴가 달린 행거 두 개가 나란히 놓여 있다. 계절에 따라 행거에 걸려 있는 옷들이 바뀐다. 듬성듬성한 행거는 겨울철이 되면 두툼한 옷들 때문에 제법 빽빽해지기도 한다. 여자는 옷에 대한 애착이 강한 편이 아니다. 주로 편한 옷을 사서 아무렇게나 입고 다닌다. 여자는 얼른 옷을 갈아입고 방에서 나왔다 옷방을 따로 두고 살게 될 줄 몰랐던 탓인지 그 방의 주인은 자기가 아니라 옷인 것만 같다. 그 방에 들어갈 때면 남의 방에 들어간 듯한 기분이 되기도 한다.

박현욱, 『그 여자의 침대』, 문학동네

예시 4

어머니의 칼끝에는 평생 누군가를 거둬 먹인 사람의 무심함이 서려 있다. 어머니는 내게 우는 여자도, 화장하는 여자도, 순종하는 여자도 아닌 칼을 쥔 여자였다. 건강하고 아름답지만 정장을 입고도 어묵을 우적우적 먹는, 그러면서도 자신이 음식을 우적우적 씹고 있다는 사실을 모르는 촌부. 어머니는 칼 하나를 이십오 년 넘게 써 왔다. 얼추 나이와 비슷한 세월이다. 썰고, 가르고, 다지는 동안 칼은 종이처럼 얇아졌다. 씹고, 삼키고, 우물거리는 동안 내 창자와 내 간, 심장과 콩팥은 무럭무럭 자라났다. 나는 어머니가 해 주는 음식과 함께 그 재료에 난 칼자국도 함께 삼켰다. 어두운 내 몸속에는 실로 무수한 칼자국이 새겨져 있다. 그것은 혈관을 타고 다니며 나를 건드린다. 내게 어미가 아픈 것은 그 때문이다. 기관들이 다 아는 것이다. 나는 '가슴이 아프다'는 말을 물리적으로 이해한다.

김애란, 『칼자국』, 창비

거듭 말하면, 도입은 '이야기의 문을 여는 손잡이'입니다. 글을 잘 쓰는 사람일수록 독자의 마음을 두드리는 첫 문장을 탁, 하고 열어둡니다.

결말 쓰는 법

결말은 어떻게 써야 할까요? 이 질문을 참 자주 듣습니다. 많은 분들이 결말을 쓸 때 꼭 뭔가 교훈을 남겨야 한다고 믿으시더라고요. 철학적인 메시지 하나쯤은 담아야 글이 마무리되는 것처럼 느끼시는 것이지요. 그런데 결말은 반드시 웅장할 필요가 없습니다. 꼭 마지막 페이지에서 종을 울릴 듯한 울림이 있어야만 하는 건 아니에요.

때로는 담백한 한 문장, 고요한 시선, 사라지듯 남겨지는 여운, 그것만으로도 충분할 수 있습니다. 마치 이야기가 끝났는데, 문득 다시 처음 문장을 떠올리게 되는 그런 경험처럼요.

좋은 결말은 몇 가지를 만족합니다. 글의 핵심을 다시 정리해 주거나, 감정의 흐름에 쉼표를 찍어주거나, 작은 질문 하나로 독자의 생각을 넓혀주거나, 혹은 도입과 연결해 하나의 '원'을 완성합니다.

그렇다면, '도입과 연결해 원을 완성한다'는 건 무슨 뜻일까요? 이건 글의 처음과 끝이 서로를 감싸안듯 연결된다는 뜻입니다. 도입에서 꺼냈던 이미지나 문장, 감정, 혹은 질문을 결말에서 다시 불러오거나 다른 의미로 확장해줌으로써 글 전체에 통일감과 여운을 남기는 것이지요. 이 구조는 단순히 멋을 부리는 장치가 아니라, 읽는 이의 감정선을 끌고 가다가 마지막에서 '아, 그래서 이 얘기였구나' 하고 이야기의 리듬을 완성해 주는 중요한 장치입니다. 짧은 글, 긴 글, 어떤 글에서도 이 방식은 잘 작동합니다.

김애란 작가의 『칼자국』을 한 번 보겠습니다. 도입은 이렇게 시작됩니다.

"어머니는 내게 우는 여자도, 화장하는 여자도 아닌, 칼을 쥔 여자였다." 이 한 문장은 강렬한 이미지와 함께 이야기의 중심을 던져줍니다. 그런데 결말에 이르러 이렇게 닫힙니다. "나는 어머니가 해 준 음식과 함께 그 재료에 난 칼자국도 함께 삼켰다. 내 몸속에는 실로 무수한 칼자국이 새겨져 있다." 처음엔 '칼을 쥔 엄마'였던 존재가, 끝에 가면 '칼자국'이라는 삶의 흔적으로 몸속에 새겨집니다. 이야기의 처음과 끝이 상징적으로 맞닿으며, 읽는 이는 다시 처음 문장으로 마음을 돌리게 되지요. 이건 마치 뫼비우스의 띠처럼, 끝이 다시 시작을 품고 있는 구조입니다.

우리의 이야기 역시 마찬가지입니다. 처음 마음을 꺼낸 그 자리로, 마지막 문장이 다시 되돌아간다면, 그 글은 비로소, 하나의 완성된 원으로 남게 됩니다. 이제 결말의 예시들을 살펴볼까요?

예시 1

우리는 더 이상 관심을 가지지 않았다. 경멸조차 하지 않

는다. 강산에서 우리끼리 잘살고 있으니까. 아으, 만고
강산.

성석제, 『어머님이 들려주시던 노래』, 「만고강산」

예시 2

언제나 그대의 미래일기를 쓰는 기분으로 그대의 글에
다 소망을 불어넣어라. 어떤 시점에 이르러 세상이 달라
져 있을 것이다. 당연히 그대의 글 때문이다. 하지만 남
들은 믿지 않을 것이다. 그리고 그대는 죽었다 깨어나더
라도 그 사실을 증명할 방법이 없다.

이외수, 『공중부양』, 「문장의 장」, '소망', 동방미디어

예시 3

복잡하게 얽혔던 생각들을 다 털어내려는 듯 여자는 베
개 위에 파묻은 머리를 천천히 흔들었다. 묵직한 피곤이
엄습했다. 이틀 동안 제대로 자지 못했던 여자는 두 손으
로 얼굴을 감싸안으며 길고 긴 하품을 했다. 하품 탓인지
여자의 눈에 눈물이 고였다. 눈가에 물기를 남긴 채 여자
는 깊은 잠에 빠져들었다.

박현욱, 『그 여자의 침대』, 문학동네

도입은 이야기를 시작하게 만드는 문이고, 결말은 이야기가 끝나도 마음에 남는 한 장면입니다. 글을 쓰는 첫 단계는 독자의 마음을 여는 것이고, 마지막 단계는 그 마음을 따뜻하게 달아주는 일입니다. AI를 활용하면 이 두 문장을 더욱 효과적으로 써볼 수 있습니다. 이제 나만의 도입과 결말을 써보는 시간입니다. AI와 함께라면 당신의 글이 훨씬 더 풍성하고, 매끄럽고, 여운 있게 완성될 수 있습니다.

3. AI 피드백 활용, 한 단계 더 완벽한 글로!

왜 AI에게 피드백을 받아야 할까?

"선생님, 그런데 이거 또 피드백까지 받아야 하나요?"
"AI가 써준 글이 마음에 쏙 들어요. 더 고칠 데가 있나요?"
"챗GPT로 썼으면 충분하지 않나요?"
"솔직히 이 정도면 괜찮은 거 아닌가요?"

수업이 끝난 뒤, 이런 질문은 늘 빠지지 않고 나옵니다. 정성껏 한 문장, 한 문장 다듬은 성인 수강생 분들일수록 더 이상

손댈 곳이 없다고 느끼시는 경우가 많지요.

그럴 때 저는 이렇게 묻습니다. "혹시 셀카 한 장 찍고 나서 아무 필터도 안 씌우고 바로 올리시나요?" 순간, 수강생들은 웃음을 터뜨리다가 금세 고개를 끄덕입니다. "맞아요. 필터는 좀 씌워야죠." 그렇습니다. 글도 마찬가지입니다. 처음 써 내려간 문장은 '원본 사진' 같아서 아직 거칠고 투박합니다. 하지만 조금만 다듬고 색을 입히면, 독자에게 더 잘 전해지고 오래 남는 문장이 되지요.

초안도 분명 소중하지만, 피드백은 마치 글에 조명을 켜주고 필터를 입혀주는 마지막 손질 같은 거예요. 그리고 이 역할을 가장 자연스럽고 객관적으로 해줄 수 있는 존재, 바로 AI입니다. 왜냐하면, AI는 감정에 휘둘리지 않거든요. 사람에게 피드백을 받을 땐, 종종 마음이 상하는 경우도 있어요.

"왜 이렇게 부정적으로 봤지?"
"내겐 특별한 문장인데, 왜 고치라고 하지?"
"내 감정을 전혀 읽어주지 않는 것 같아…"

예전 한 시 모임에서도 비슷한 일이 있었어요. L 시인님은 스승님에게 피드백을 받고 나서 '내 시를 제대로 안 읽은 것 같다'며 속상해 하더니, 결국 그 모임을 떠나기도 했습니다.

하지만 AI는 다릅니다. AI는 감정 없이 글을 봅니다. 누구의 편도 아니고, 상처를 주지도 않으며, 글을 읽는 '독자'의 입장에서 냉정하고도 공정하게 조언을 건넵니다. 게다가 요즘은 AI도 각자의 개성이 있어요.

클로드(Claude)는 감정선의 흐름을 잘 살려주고, 퍼플렉시티(Perplexity)는 정보와 논리의 흐름을 매끄럽게 정돈해줍니다. 뤼튼(wrtn)은 브랜딩과 마케팅에 강하고, 챗GPT5는 균형 잡힌 편집 감각으로 전체 톤을 안정시켜주지요. 각기 다른 관점의 AI 편집자들이 한 글을 다면적으로 다듬어주는 셈입니다.

기억에 남는 분이 있어요. 50대 후반의 윤 선생님. 자기역사 쓰기수업에서 AI와 함께 정성껏 글을 다듬으신 뒤, 자신 있게 말씀했지요.

"선생님, 저는 챗GPT로 충분히 다듬었어요. 그보다 더 나아질 수 있을까요?"

그래서 조심스럽게 권해드렸어요.

"한번 클로드나 퍼플렉시티에도 보여줘 볼까요. 감정선이나 정보 흐름에 대해 또 다른 시각이 나올 수도 있거든요."

퍼플렉시티는 도입부에 대해 이런 피드백을 주었습니다.

"감정 묘사보다는 설명이 앞서고 있습니다. 실제 경험을 단 한 문장만 추가해도 독자의 몰입도가 훨씬 높아집니다."

그 피드백을 본 윤 선생님은 "저는 이미 감정을 충분히 담았다고 생각했는데… 읽는 사람에겐 안 보일 수도 있겠네요." 하면서 고개를 끄덕였어요. 그리고 그 문장을 한 줄 추가한 뒤, 글은 확실히 더 따뜻하고 부드러워졌습니다. 이런 과정을 볼 때마다 다시 한 번 확신합니다.

글은 고칠수록 더 좋아집니다. 초고는 끝이 아니라 시작입니다. 그리고 그 다음 단계, 완성을 향한 과정에서 AI 피드백은 아주 든든한 동반자가 되어줍니다. 문장이 평면적이라면 감정을 불어넣고, 흐름이 끊기면 구조를 재조정해 주며, 핵심이 흐릿하면 중심을 선명하게 잡아주는 역할. 그게 바로 AI 편집이 가진 힘입니다. AI는 글을 더 잘 쓰게 해주는 도구일 뿐 아니라, 내 이야기를 더 깊고 단단하게 만들어주는 좋은 친구가 될 수 있습니다.

AI 피드백은 글을 숨 쉬게 만든다

최근 『쓰기의 미래』에서 언어학자 나오미 배런은 AI 글쓰기에 대해 이렇게 언급합니다. "AI가 긴 텍스트를 생성하더라도 반복성 표현을 남발하지 않고, 문체는 매력적이며, 사실관계가 정확하고, 늘 주제를 벗어나지 않는다. 아, 그리고 당신이 작성한 것과 구분이 불가능한 글을 생성할 수 있다." 이 말은 단순히 글을 '생성'하는 것이 아니라, 피드백 또한 정교하다는 뜻입니다.

AI는 글을 쓸 때와 고칠 때, 참 다른 얼굴을 보여줍니다. 처음 글을 쓸 때는 옆에서 조용히 챙겨 주는 든든한 동료 같다가도, 피드백을 줄 땐 문장의 결 하나하나를 꼼꼼히 짚어내는 날카로운 선생님이 되지요. 같은 AI인데도, 창작할 때와 수정할 때의 얼굴이 다르게 느껴지는 까닭은 우리 글이 요구하는 자리마다 모습이 달라지기 때문입니다. 빈 페이지 앞에서는 함께 시작하는 동반자가 되고, 퇴고의 순간엔 한 글자 한 글자를 집요하게 살피는 교정자가 되지요. 바로 이 변주 속에 AI의 진짜 매력이 있습니다.

글을 다 썼다고 끝이 아닙니다. AI 피드백이 필요한 이유, 이 다섯 가지만 알면 누구나 고개를 끄덕이게 됩니다.

첫째, AI는 감정에 흔들리지 않는 '객관성'을 지닙니다. 사람에게 피드백을 받을 땐, 관계나 분위기에 따라 말이 조심스러워지기도 하지요. 하지만 AI는 그런 눈치를 보지 않습니다. 늘 같은 기준으로 냉정하고 공정하게 글을 바라봅니다. 때로는 직설적이라 마음이 찌릿할 수도 있지만, 그래서 오히려 신뢰할 수 있습니다.

둘째, 언제든지 도움을 청할 수 있습니다. 밤늦은 시간에도, 이른 새벽에도, "나 이거 고쳐줘" 하고 말을 걸면, AI는 마치 지치지 않는 편집자처럼 당신의 글을 세심하게 살펴줍니다. 혼자 밤을 새우며 쓰는 글이라도, 더는 외롭지 않습니다.

셋째, 다양한 AI 도구들은 각각 다른 '시선'에서 피드백을 줍니다. 어떤 AI는 문장의 유려함을, 또 다른 AI는 논리의 흐름을 짚어줍니다. 하나의 글을 여러 관점에서 다듬을 수 있다는 건, 여러 명의 전문가에게 동시에 피드백 받는 경험과 닮아 있습니다.

넷째, AI는 단어 하나만 고치는 것이 아니라, 글의 '맥락 전체'를 살핍니다. 문장과 문장 사이의 연결, 단어의 뉘앙스, 글의 호흡과 리듬까지 고려해 읽는 사람이 더 쉽게, 더 깊이 다가올 수 있도록 글을 정돈해 줍니다.

다섯째, AI는 늘 '독자'의 자리에서 글을 읽습니다. 글쓴이의 감정보다는, 독자가 무엇을 느낄지에 집중합니다. 그래서 AI의 조언을 반영하면 글이 더 설득력 있고, 더 따뜻하게 다가오게 됩니다. AI는 우리에게 늘 이렇게 말하고 있는지도 모릅니다. "나는 감정은 없지만, 당신의 글을 더 빛나게 하고 싶어요." 그 신실한 진심이, 글을 더 균형 있게, 더 깊이 이끌어주는 가장 든든한 힘이 됩니다.

이처럼 감정에 휘둘리지 않는 균형 잡힌 시선, 언제든지 받을 수 있는 무제한 피드백, AI 별로 다른 관점의 조화, 글의 구조와 리듬까지 챙기는 정밀한 점검, 그리고 독자의 입장에서 글을 바라보는 섬세함까지. 이런 점에서 AI는 인간 코치와 더불어 강력한 피드백 도구로 자리 잡아가고 있습니다.

AI는 내 글을 완성시키는 파트너다

AI는 단순히 글을 고치는 도구가 아닙니다. 그보다 더 본질적인, 내 글의 가능성을 끝까지 함께 걸어가 주는 '동행자'에 가깝습니다. 수강생인 지은님은 이렇게 이야기했습니다.

"AI는 글을 대신 써주는 게 아니라, 제가 놓친 내 글의 깊이를 찾아주는 존재 같아요."

이 말에는 글을 쓰는 사람이라면 누구나 공감할 만한 마음이 담겨 있습니다. 혼자 글을 쓸 땐, 내가 쓴 문장이 가장 좋아 보이고, 무엇이 빠졌는지도 알기 어렵습니다. 하지만 AI는 묵묵히 옆에 앉아, "이 문장을 조금만 다듬으면 더 와닿을 거예요." "여기 감정의 결이 흐려졌어요." 하고 속삭이듯 알려줍니다. 그 조언을 하나씩 반영하다 보면, 처음엔 단순한 기록이었던 문장이 서서히 사람의 마음을 움직이는 '작품'으로 완성되어 갑니다.

AI 피드백은 마치 따뜻한 손으로 초고에 숨결을 불어넣는 일입니다. 그저 전달되는 글이 아닌, 읽는 사람의 마음에 스며드는 글. 그런 글을 쓰고 싶다면, 초고를 썼다는 이유만으로 멈추지 마세요.

이제 마지막 한 걸음만 남았습니다. 당신의 이야기를 더욱 빛나게 만들기 위한 한 줄, 한 문장을 AI와 함께 다듬어보세요.

그때 비로소, 그 글은 단순한 텍스트가 아니라 누군가의 마음을
두드리는 '진짜 이야기'가 됩니다.

Day 5.

디테일이 감동을 만든다

1. 감정을 극대화하는 AI 활용법

나는 시댁의 봉이었다

몇 년 전, 브런치에 글을 하나 올렸습니다. 책을 읽고 남긴 서평들엔 별다른 반응이 없었기에, 이번에도 큰 기대는 하지 않았어요. 그저 추석 명절을 앞두고 마음속에 오래 묵혀둔 이야기를 한 번 꺼내본 것뿐이었습니다. 제목은 조금 과감했지요. "나는 시댁의 봉이었다."

그런데 놀라운 일이 벌어졌습니다. 글을 올린 지 몇 시간도 안 돼 '조회수 3만 돌파'라는 알림이 떴고, 다음 날 올린 후속 글 "내 남편은 만만한 아들이었습니다"는 8시간 만에 10만 뷰를 넘기며 순식간에 퍼져나갔습니다.

그때 알았습니다. 사람들은 단순한 정보보다 진짜 감정이 담긴 이야기에 더 강하게 반응한다는 걸요. 감정을 드러내는 글은 독자가 그 이야기를 '읽는 것'을 넘어 '함께 겪는 것'으로 바꿉니다. 내가 느꼈던 억울함, 외로움, 슬픔, 때론 웃픈 순간까지. 그 감정들이 고스란히 전해질 때, 글은 누군가의 기억을 두드리게 됩니다. "나도 그래. 나도 그랬어." 바로 그 순간, 독자는 단순한 관찰자가 아니라 공감하는 친구가 됩니다.

철학자 마르틴 부버는 말했습니다. "진짜 만남은 '감정의 공유'에서 시작된다." 글도 마찬가지입니다. 아무리 화려한 경험이나 멋진 문장을 나열해도, 감정이 빠지면 독자에겐 그냥 '남의 이야기'일 뿐입니다. 하지만 평범한 이야기라도, 그 안에 진심 어린 감정이 담기면 글은 숨을 쉬고, 살아 움직이며, 오래도록 기억됩니다.

사회심리학자 브레네 브라운도 강조했지요. 공감은 감정의 진심에서 비롯된다고요. 글을 쓰는 이의 진심이 독자의 마음에 닿을 때, 그 글은 단순한 기록이 아니라 하나의 체험이 됩니다.

결국, 감정은 글의 심장입니다. 그리고 그 심장이 제대로 뛰기 시작할 때, 당신의 이야기는 비로소 누군가의 마음속에 오래 머무르게 됩니다.

'대신'이 아닌 '함께' 쓰다

AI는 감정을 느끼는 존재는 아니지만, 감정을 표현하는 수많은 언어 패턴을 학습하여 우리가 놓치기 쉬운 감정의 결을 섬세하게 되살려주는 역할을 합니다. "친한 친구가 멀리 이사를 갔다."라는 문장을 예시로 든다면 AI는 이렇게 바꿔줍니다. "문을 닫는 소리가 났다. 그 아이의 발자국이 계단을 내려가는 소리도, 엘리베이터 문이 닫히는 소리도 이상하리만치 또렷했다. 방 안에 가만히 앉아 있자니 웃던 얼굴이 아직 창문 너머에 남아 있는 것만 같았다." 누군가의 빈자리를 말로 설명하는 대신, 그 자리에 남은 공기와 소리, 잔상까지 표현해 주는 것이지요. AI는 사용자가 전하고 싶은 감정을 더 구체적이고 생생하게 빚어주는 조력자입니다. 표정, 날씨, 풍경, 말투 같은 감정의 단서들을 이야기 속에 자연스럽게 흩뿌려 주면서, 한 편의 글에 '감정의 온도'를 올려줍니다.

감정을 살리는 AI 활용법

감정을 제대로 전하고 싶다면, AI에게 이렇게 부탁해보세요.

① **구체적인 장면 요청하기**: AI에게 단순히 "슬펐어."라고 입력하지 않고 "할머니가 돌아가셨을 때의 슬픔을 묘사해줘. 장소는 시골집 마당이고 배경은 가을 오후야."라고 요청해 보세요.

⇨ 단순히 "슬펐어."라고 말하는 것보다, 훨씬 더 감정의 깊이를 끌어낼 수 있습니다.

② **간접 표현으로 감정드러내기**: "슬픔을 직접 말하지 말고, 풍경이나 행동으로 표현해 줘"와 같이 간접적으로 표현하도록 요청하세요.

⇨ 감정은 때로는 돌아서 말할 때, 더 크게 와닿습니다.

③ **감정 곡선 만들기**: AI에게 이야기 흐름 속 감정의 오르내림을 설계해달라고 요청해보세요.

⇨ 이야기의 몰입감이 높아지고, 독자의 마음도 자연스레 따라 움직입니다. 사람은 감정을 느끼는 존재, AI는 감정을 표현하는 기술입니다. 이 둘이 함께하면, 기억은 감정이 되고, 감정은 이야기로, 이야기는 예술로 승화됩니다.

감정을 터트리는 한 문장

어린 시절 이렇다 할 기억이 별로 없다는 농촌 출신의 60대 순영님은 자신의 어릴 적 가난한 기억을 AI에게 이야기해달라고 했습니다. AI는 "동전 몇 개를 꼭 쥐고 엄마의 손을 잡고 장에 가던 아이"라는 문장을 제시했습니다. 이 문장을 본 순영씨의 눈시울이 붉어졌습니다. '동전 몇 개', 그 단어 하나가 오래전 묻어두었던 감정을 건드린 것입니다.

그녀는 기억했습니다. 시골 장터의 붐비는 풍경 속, 친구들이 간식을 사 먹는 소리에 자신은 멀찍이 서 있었던 그 순간을. 손에 쥔 몇 개의 동전은 차갑고 무거웠습니다. 엄마에게 이것저것 사달라고 말하고 싶었지만 말을 못했습니다. 가난한 형편을 알고 있었기에 말 대신 조용히 서 있는 법을 배워야만 했지요. 동전의 차가운 무게를 느끼며 마음속의 욕망을 억누르고 서 있던 그 기억은 여전히 그녀 안에 살아 있었습니다.

때로는 단 한 문장, 단 한 단어가 마음속 오래된 감정을 터 뜨릴 수 있습니다. 그 감정이 문장으로 피어날 때, 우리는 비로소 '나의 이야기'를 쓰게 되는지도 모릅니다.

정서적 언어 패턴의 재구성

감정은 단어만으로는 다 담기 어려운 그 무엇입니다. 그저 "슬펐다", "혼란스러웠다"고 말하는 것으로는 읽는 이의 마음을 움직일 수 없습니다. 진짜 감정처럼 느껴지는 표현, 그것은 어떻게 가능할까요? 여기서 중요한 열쇠는 바로 '정서적 언어 패턴의 재구성'입니다.

쉽게 말해, 감정을 더 깊이, 더 생생하게 전달하기 위해 언어를 새롭게 다듬는 작업입니다. 예를 들어, "혼란스러운 감정이 들었다." 이 말만으로는 그 복잡한 내면의 결을 느끼기 어렵습니다. 하지만 이렇게 바꾸어 보면 어떨까요? "복잡한 생각들이 머릿속을 맴돌며 가슴이 먹먹해졌다." 같은 감정이지만, 문장이 주는 울림은 전혀 다릅니다.

머릿속을 맴도는 생각, 가슴을 누르는 먹먹함 이 문장은 독자의 머리보다 먼저 가슴에 도달합니다. 이런 언어의 재구성이 주는 힘은 '상상할 수 있는 감정'이 아닌, '느낄 수 있는 감정'을 만들어 준다는 데 있습니다. 이미지를 그릴 수 있는 말, 감각을 불러오는 표현, 그리고 감정의 결을 따라가게 만드는 문장. 이 모든 요소들이 모여 한 문장 안에 '공감'이라는 다리를 놓습니다.

예를 들어, "가슴이 먹먹해졌다"라는 표현은 단순한 심리 상태를 넘어서 '왜' 먹먹해졌는지,

'언제' 그 감정이 피어올랐는지를 상상하게 만듭니다. 그리고 그 순간, 읽는 이는 어느새 작가의 감정을 '이해'하고 '함께 느끼는' 사람이 됩니다.

AI는 감정의 설계자, 우리는 감정의 화가

AI는 감정을 '대신' 써주는 작가가 아닙니다. 그보다는 우리가 그린 감정의 스케치에 섬세한 색을 덧입혀 주는 감정의 화가입니다. 우리가 기억을 꺼내어 조심스레 건네면 AI는 그 위에 빛과 그림자를 더해줍니다. 하지만 마지막 붓질은 결국 우리 몫이지요. 감정의 진짜 원천은 AI가 아닌, 우리의 삶과 기억입니다

AI는 감정 표현을 풍부하게 만드는 역할을 합니다. 우리는 종종 말로 다 표현되지 않는 감정을 "슬퍼요", "속상해요"라고 짧게 표현합니다. 하지만 그 말 너머에는 수많은 기억과 장면이 얽혀 있지요. "비 오는 날, 창밖을 바라보며 잃어버린 추억을 떠올릴 때의 그 서늘한 감정." 이 한 문장처럼, AI는 감정에 온도를 입히고 질감을 더해줍니다. 단어 하나, 장면 하나가 독자의 마음에 더 선명하게 닿도록 도와줍니다.

감정은 그 자체로는 단지 느낌의 덩어리일 뿐입니다. 그것이 이야기와 만나야 비로소 살아납니다. "엄마가 싸주신 도시락을 친구 앞에서 꺼낼 수 없었다." 이 문장은 단순한 수치심을 넘어서 그 아이의 마음, 배경, 침묵 속의 사연까지 담아냅니다. 그 장면을 떠올릴 수 있게 되면,

감정도 덩달아 우리 안에서 '움직이기' 시작합니다.

AI는 모호했던 감정을 선명하고 구체화시켜 줍니다. 감정을 마무리해주는 화가인 것이지요. 우리가 꺼내놓은 감정의 밑그림을 더 섬세하고 입체적으로 완성해 줍니다. "슬퍼"라고만 말하지 말고, 이렇게 건네보세요. "슬픔을 이야기처럼 풀어줘." 그러면 AI는 그 감정에 배경을 깔고, 시간을 입히고, 공감할 수 있도록 만들어줍니다.

우리는 붓을 든 사람이고, AI는 팔레트를 채워주는 조력자입니다. 서툴게라도 기억을 꺼내어 보세요. AI는 그 기억을 이야기처럼 살아 움직이게 만들어줄 것입니다.

감정을 극대화하는 글쓰기 방법

1) 감정의 종류 이해하기

글을 쓸 때, 다양한 감정을 표현할 수 있어요. 여기 몇 가지 감정의 종류를 소개하겠습니다.

행복: 친구와의 즐거운 시간, 소중한 순간

슬픔: 이별, 상실의 아픔

분노: 불공정한 상황, 억울한 일

두려움: 새로운 도전, 불확실한 미래

사랑: 가족, 연인에 대한 깊은 애정

흥미: 새로운 취미, 발견의 기쁨

2) 개인적인 경험 공유하기

감정을 글로 옮길 때, 가장 강력한 힘은 개인적인 경험에서 나옵니다. 누군가의 솔직한 이야기는, 비슷한 감정을 느껴본 독자의 마음에 작은 파문처럼 번져갑니다. 예를 들어 보겠습니다.

행복: "지난 여름, 친구들과 바닷가에서 보낸 하루는 지금도 마음속에 환하게 남아 있어요. 파도 소리와 웃음 소리가 어우러졌던 그 순간, 마치 시간이 멈춘 것 같았죠."

슬픔: "사랑하는 반려동물을 잃었을 때, 그 슬픔은 말로 표현할 수 없었어요. 그 빈자리가 너무 컸죠."

분노: "학교에서 부당한 대우를 받았던 날, 나는 처음으로 '글을 써야겠다'고 결심했어요. 말로는 안 되는 것들을, 글로는 반드시 말하고 싶었거든요."

이렇게 구체적인 경험은 '감정'이라는 단어보다 훨씬 깊은 울림을 줍니다.

3) AI에게 도움 요청하기

AI는 감정을 글로 옮길 수 있게 도와주는 '조용한 말동무' 같은 존재입니다. 어떤 감정을 표현하고 싶을 때 이렇게 부탁해 보세요. :글쓰기를 도와줄 AI에게 요청할 수 있는 프롬프트를 몇 가지를 소개하겠습니다.

"행복한 순간을 표현하는 글을 써줘."
"슬픔을 주제로 한 시를 만들어줘."
"분노를 느낀 경험을 바탕으로 짧은 이야기를 써줘."
"사랑에 관한 에세이를 작성해 줘."
"두려움을 극복한 경험을 이야기로 풀어줘."
AI는 당신이 느낀 감정의 결을
조금 더 선명하게, 따뜻하게 빚어줄 수 있어요.

4) 글쓰기 과정

글쓰기는 감정을 밖으로 꺼내는 작은 여행입니다. 그 여정을 따라가 볼까요?

① 아이디어 구상하기

오늘 나누고 싶은 감정은 무엇인가요? 행복, 두려움, 외로움, 기쁨… 그중 어떤 감정에 손이 먼저 가나요?

② 초안 쓰기

그 감정을 언제 느꼈나요? 그때의 나를 떠올리며 솔직하게 적어보세요. 꼭 예쁘게 쓰지 않아도 괜찮아요.

③ 문장 다듬기

문장이 부드럽게 흐르나요?

감정이 자연스럽게 전해지도록 불필요한 표현을 줄이고 중요한 부분은 더 살려보세요.

④ 전체 흐름 살펴보기

글 전체가 한 편의 감정 그림처럼 느껴지나요? 글을 다 썼다면, 처음부터 천천히 다시 읽어보며 리듬과 흐름, 감정의 색이 잘 어우러지는지 확인해 보세요.

위 과정을 통해 쓴 글을 살펴볼까요?

제목: 바다에서의 아찔했던 순간

지난 여름, 친구들과 바닷가로 여행을 떠났습니다. 햇살은

따갑게 내리쬐고, 모래는 발바닥을 지글지글 데울 정도로 뜨거
웠죠. 우리는 파도를 따라 달리고, 소리 내어 웃으며 여름을 만끽
하고 있었습니다.

그런데 그때였습니다. 갑자기 "콰아아앙!"— 마치 괴물이
바닷속에서 튀어나온 것처럼, 커다란 파도 하나가 우리를 덮쳐
왔습니다. 물은 순식간에 발목을 넘어 차올랐고, 가방 속에 넣어
두었던 신발 한 짝이 '휙—' 하고 물결 속으로 사라졌습니다. 우
리는 놀라 허둥지둥 파도를 쫓아 달렸고, 저는 그만 미끄러운 바
위에 발이 걸려 몸이 앞으로 '휙' 쏠리며 넘어질 뻔했어요.

그 순간, 눈앞에 또 다른 파도가 '우르르르!' 소리를 내며 몰
려왔고, 심장은 '쿵쾅쿵쾅' 미친 듯이 뛰었습니다. 아찔하게 중심
을 잡고 간신히 물 밖으로 빠져나왔을 때, 몸은 흠뻑 젖었고, 다
리는 사시나무처럼 떨리고 있었습니다.

그때 느꼈던 감정은 단순한 당황이나 놀람이 아니었어요.
한순간에 목숨을 잃을 수도 있다는, 그 본능적인 두려움이 온몸
을 감쌌습니다. 자연 앞에서 작아진 나, 어디에도 닿지 않는 두
려움 속에서 나는 무력함이라는 감정을 처음으로 또렷이 배웠
습니다.

즐겁기만 했던 하루는 그 순간을 경계로 아찔한 기억으로
바뀌었고, 잃어버린 신발보다 더 아쉬웠던 건 파도에게 '당했다'
는 묘한 감정이었습니다.

이처럼 감정을 있는 그대로, 장면과 함께 구체적으로 써 내려가면 독자는 단순히 글을 '읽는 것'을 넘어 그 순간을 함께 '경험'하게 됩니다. 그리고 그때, 글은 기억이 되고, 기억은 누군가에게 '닿는 이야기'가 됩니다. 여러분도 AI의 도움을 받아 감정을 표현하는 글쓰기를 시작해 보세요!

2. 살아 숨 쉬는 이야기 만들기

장소로 떠올리는 기억

"어디서부터 써야 할까요?"

자기역사 쓰기를 처음 시작하시는 분들이 가장 많이 하시는 질문입니다. 그럴 땐 '장소'에서 출발해보세요. 장소는 단순한 배경이 아니라, 그곳에 머물렀던 감정과 기억이 켜켜이 쌓인 기억의 무대입니다.

몇 년 전, 뜻이 맞는 시인들과 함께 서울 홍제동의 벽화마을—일명 '개미마을'을 걸은 적이 있습니다. 가파른 골목길을 오르던 중, 불현듯 오래된 기억이 되살아났습니다. 해 질 무렵까지 친구들과 뛰놀던 어느 날. "순희야, 얼른 들어와서 밥 먹어라~" 골목 저편에서 어머니의 목소리가 들려오던 그 순간. 행주치마를 두르고 부엌일을 하시던 어머니의 모습이 그날 마을 벽화 위로 겹쳐지며, 가슴 한 켠이 뜨거워졌습니다.

장소는 이렇게 잊고 있던 감정과 기억을 다시 꺼내주는 자극제가 되어줍니다. 심리학에서는 이를 '장소 기반 기억(location-based memory)'이라고 부릅니다. 우리는 시간을 기준으로 기억한다고 믿지만, 사실은 공간을 통해 훨씬 더 많이 기억하고 떠올립니다.

대화로 떠올리는 기억

얼마 전, 지하철에서 누군가 나지막이 말하더군요. "나 어제 혼자 생일 보냈어." 그 짧은 말 한마디에, 마음이 털썩 내려앉았습니다. 순간 떠오른 건 중학생 시절, 가족이 아무도 없는 조용한 집에서 라면 하나 끓여 먹던 쓸쓸한 생일이었습니다.

말없이 국물 한 모금을 넘기며, 속으로 마음을 꾹 삼켰던 그 날. 그때 알게 됐어요. 대화는 단순한 말이 아니라, 기억을 깨우는 열쇠라는 걸요. 그래서 글을 쓸 때, 대사가 막힐 때는 AI에게 이렇게 물어보세요. "아버지와 갈등했던 장면에서 나눴을 법한 대화를 만들어줘." "초등학교 운동장에서 친구와 다툰 장면의 대사를 제안해줘." AI는 다양한 말투와 감정의 뉘앙스를 고려해 그 순간을 입체적으로 재현해 줍니다.

시민대학 수업 중, 공대 교수 출신 수강자 한 분이 이런 말씀을 하셨어요.

"아, 참 내. 어쩌면 이렇게 깜찍할 수 있죠? 제가 생각했던 것보다 더 잘 표현해 주는데요! 대사며 감정이며, 이건 정말 감탄밖에 안 나와요."

그분의 말처럼 AI는 우리가 꺼내기 어려운 감정이나 대사도 정리해 제시해줍니다. 우리가 말로 꺼내기 어려운 감정조차 차분히 정리해서 건네주는 생각의 동반자입니다

감정 표현하기

글에 감정이 실리지 않으면, 이야기는 종이 위에서만 머뭅니다. 하지만 단 한 줄의 묘사로도,

독자의 마음을 흔들 수 있습니다. "그날 밤, 아무도 없는 방 안에서 조용히 울었다." 이 한 문장이 때로는 백 마디 설명보다 더 많은 것을 전합니다.

버지니아 울프는 『댈러웨이 부인』과 『등대로』에서 사건보다 감정의 미묘한 떨림을 따라 글을 써나갔습니다. 그녀는 이렇게 말했습니다. "삶은 환하게 빛나는 등불보다 그것을 감싸고 있

는 반투명의 안개와도 같다.”

심리학자 다니엘 골먼도 『감성지능(Emotional Intelligence)』에서 강조합니다. “오늘날 우리는 얼마나 똑똑한가보다, 자기 감정을 인식하고 타인의 감정을 조율할 수 있는 능력으로 평가받는다.” 글쓰기에서도 마찬가지입니다. 자신의 감정을 정확히 인식하고, 진심으로 표현하는 글만이 독자의 마음에 다가갈 수 있습니다.

“좋은 이야기는 독자를 다른 세계로 데려가지만, 위대한 이야기는 독자를 자기 안으로 데려간다.”

이 문장은 무라카미 하루키의 작품 세계를 설명할 때 자주 인용되지만, 사실 자기역사 쓰기의 본질이기도 하지요. 장소는 기억을 자극하고, 대화는 장면을 살아 있게 만들며, 감정은 글에 온기를 불어넣습니다. 그리고 그 모든 것을 가장 진실하게 써 내려갈 수 있는 사람은 바로 당신입니다. 이제 AI와 함께, 당신 안의 이야기에게 숨을 불어넣어 보세요. 당신의 삶은, 이미 한 편의 문학입니다.

3. 첫 문장부터 마지막 문장까지, AI로 완성도 높이기 ┘

강렬한 첫 문장의 힘

"나를 이스마엘이라 부르라."

-허먼 멜빌, 『모비딕』

"오랜 시간, 나는 일찍 잠자리에 들어왔다."

-마르셀 프루스트, 『잃어버린 시간을 찾아서』

"4월, 맑고 쌀쌀한 날이었다. 괘종시계가 13시를 알렸다."

-조지 오웰, 『1984』

"재산깨나 있는 독신 남자에게 아내가 꼭 필요하다는 것은 누구나 인정하는 진리다."

-제인 오스틴, 『오만과 편견』

"국경의 긴 터널을 빠져나오자, 눈의 나라였다."

-가와바타 야스나리, 『설국』

이 인상적인 문장 하나로 우리는 이미 작품 세계 속으로 발을 들입니다. 누군가는 이름을 불러 정체성을 드러내고, 누군가는 감각의 시간으로, 누군가는 조작된 사회로, 또 어떤 이는 사랑과 결혼의 아이러니로, 다른 이는 눈 덮인 풍경 속의 고요한 삶으로 독자를 이끕니다. 이처럼 첫 문장은 이야기 전체의 운명을 결정짓습니다.

우리는 누구나 한 편의 이야기를 품고 살아갑니다. 그리고 그 이야기는 첫 문장에서 마지막 문장까지 어떻게 풀어내느냐에 따라 감동의 깊이가 달라집니다. AI와 함께 글을 쓸 때 가장 중요한 것은 바로 전체적인 완성도입니다. AI는 훌륭한 조력자이지만, 그 조각을 엮고 다듬는 일은 결국 우리 손에 달려 있습니다.

첫 문장이 중요한 이유

첫 문장은 독자를 초대하는 문입니다. 이야기가 시작되는 순간 독자는 그 문장을 통해 문 안으로 들어올지 말지를 결정합니다. "나는 그날 처음으로 아버지가 우셨다는 사실을 알았다." 이 문장은 독자의 심장을 단숨에 잡아당깁니다. 반면, "오늘도 날씨가 맑았다."라는 문장은 아무런 장면이 떠오르지 않기에 특별한 흡입력이 없습니다. 첫 문장은 문학적 장식이 아니라 글 전체의 문을 여는 열쇠입니다. AI는 다양한 문장 구조를 추천해줄 수 있지만, 그 중에서도 내 감정을 잘 담고 독자의 호기심을 자극하는 문장을 선택하는 것은 우리의 몫입니다. 첫 문장은 '무엇을 말할 것인지'가 아니라 '왜 이 이야기를 해야 하는지'에 대한 대답이어야 합니다.

기억에 남는 마지막 문장

마지막 문장은 어떻게 기억에 남게 만들 수 있을까요? 마지막 문장은 독자의 가슴에 남는 '잔향'입니다. 좋은 글은 마지막 페이지를 덮은 뒤에도 잠시 멍하니 앉아 있게 만듭니다. 마치 영화의 엔딩 크레딧이 끝날 때까지 자리를 떠나지 못하는 것처럼요. "나는 그때 진정한 용기를 배웠다."라는 문장에 나만의 경험과 감정을 덧붙여 "그 순간, 나는 울면서도 웃었다. 그게 어쩌면 어른이 된다는 것일지도 모른다."와 같이 바꿔볼 수 있습니다. 마지막 문장은 감정을 한 번 더 밀어 올려주는 엔딩입니다. 감정을 정점으로 밀어붙이고 주제의 실마리를 다시 감싸 안을 때, 그 글은 오래도록 기억에 남게 됩니다.

문장의 흐름 점검하기

AI로 문장 전체의 흐름을 어떻게 점검할까요? 중요한 것은 전체 흐름을 파도처럼 흐르게 해야 합니다. 출렁이고, 이어지고, 잦아드는 자연스러운 리듬이 필요하지요. 문장은 크게 도입

(첫 부분)-전개(사건과 감정이 펼쳐지는 부분)-결말(주제와 메시지가 응축된 마지막 부분)로 나눕니다. AI는 이 세 가지 흐름을 도식화하여 보여주기만 하지 않습니다. '문단 간 연결'을 도와주는 훌륭한 길잡이 역할을 합니다. AI에게 "이 문단 다음에 자연스럽게 이어질 내용을 써줘."라고 요청하면 흐름을 끊지 않고 매끄럽게 이어주는 문장을 생성해 줍니다. 이때 주의할 것은 AI의 제안을 그저 그대로 받아들이는 것이 아니라 내 글의 전체 맥락 속에서 적절한지를 판단하는 것입니다. AI는 밑그림을 그려주는 건축가이고 우리는 그 위에 벽지를 바르고 가구를 배치하는 디자이너라고 할 수 있지요. 결국 완성된 공간의 분위기를 결정하는 건 디자이너의 섬세함입니다. 글쓰는 사람의 독창적인 생각 한 스푼이 들어가야 하는 것이지요. 글의 온기와 결을 결정짓는 마지막 손길은 언제나 글을 쓰는 당신입니다.

문장 연결이 생명이다

좋은 글은 문장 하나하나가 흩어진 구슬이 아니라, 실로 꿰어진 이야기의 목걸이처럼 흐릅니다. 왜 연결이 중요할까요? 독자가 길을 잃지 않도록 하기 위해, 문장 간 충돌 없이 자연스러운 흐름을 위해, 감정이 일정하게 이어지도록 하기 위해서입니다.

AI에게 이렇게 부탁해보세요. "문단 간 연결 문장을 추천해줘." "이 부분에서 감정의 전환이 자연스럽게 이어지도록 도와줘." 그러면 "이후 나는…" "그러던 어느 날…" "하지만 예상과는 달리…"와 같은 연결어가 이야기의 맥을 자연스럽게 이어줍니다. AI가 연결해 주는 추천 문장은 글의 일관성을 지키는 데 탁월한 도움을 줍니다. 여기서 중요한 것은 그 문장이 내가 말하고 싶은 의도와 부합하는가를 끝까지 점검하는 일입니다.

AI는 단순히 문장을 생성기를 넘어 '문장 감별사'로로 진화하고 있습니다. "이 문장의 흐름이 자연스러운가요?" "첫 문장과 마지막 문장이 매끄럽게 연결되고 있나요?" "감정 흐름이 중간에 끊기지 않았는가요?" 이런 질문에도 놀라우리 만큼 AI는 통찰력 있는 피드백을 줍니다. AI가 해주는 피드백이란 '기계의 평가'가 아니라, 창작자와의 공동 작업을 위한 새로운 대화 방식입니다.

완성도 높은 글은 '처음과 끝이 만나는 글'입니다. 좋은 글과 평범한 글의 차이는 결국 '전체를 아우르는 힘'입니다. 전체적인 구조가 잘 짜여 있고 앞에서 던진 이야기의 실마리가 마지막에서 다시 연결될 때 그 글은 독자의 마음을 움직이게 됩니다. AI를 활용하면 이 구조적인 점검이 더욱 수월해집니다. "첫 문장에서 말한 주제를 다시 마지막 문장에서 언급해 줘."라고 AI에게 이렇게 말해보세요. 이야기는 더 단단해지고, 감정은 '닻'을 내린 것처럼 안정감을 가질 수 있습니다.

첫 문장부터 마지막 문장까지 완성도 있는 글을 쓰기 위해서는 AI의 도움을 충분히 활용하되 글의 감정과 의도를 꿰뚫는 작가의 시선이 반드시 필요합니다. AI는 문장 생성부터 흐름 점검, 피드백까지 함께할 수 있는 좋은 파트너입니다. 하지만 그 모든 기능을 활용하는 주체는 바로 '나 자신'입니다.

다시 말하지만, 중요한 것은 AI의 제안을 무조건적으로 수용하는 것이 아닙니다. 내 의도와 감정을 담아 조율하는 일이 핵심입니다. 이 과정을 통해 독자는 단지 문장을 따라 읽는 것이 아니라 연결된 감정 속에서 함께 숨 쉬고 움직일 수 있습니다.

Creative Writing Coach로 마지막 다듬기

원고를 완성한 후 진짜 중요한 마지막 한 걸음이 남아 있습니다. 바로 이야기에 숨결을 불어넣는 마무리 작업이지요. 이때 곁에 있으면 참 든든한 동반자가 있습니다. 바로 'Creative Writing Coach', 생성형 AI 시대의 감성 편집자입니다. GPT 탐색에 있는 이 도구는 단순히 맞춤법이나 문장 오류를 잡아주는 '수정 도우미'가 아닙니다. 그보다는 이야기에 감성, 리듬, 일관성이라는 생명력을 불어넣는 사려 깊은 공동 저자 같은 존재입니다.

초고를 쓰다 보면 문체나 말투가 뒤섞이기 쉽습니다. 처음엔 부드럽게 시작했지만, 중간엔 다소 딱딱해지고 어느 문장은 또 지나치게 감정적이기도 하지요. 이럴 때 Creative Writing Coach는 글 전체의 톤 앤 매너를 일관성 있게 정리해 줍니다.

“이 목소리, 이 분위기면 충분히 당신다워요.”라고 말해주는 친구처럼 말이지요. 실제로 저도 원고의 마지막 단계에서는 이 기능을 활용해 원고의 품질과 완성도를 한층 끌어올리고 있습니다.

제가 가장 자주 활용하는 요청은 바로 이겁니다. ‘첫 문장과 마지막 문장이 자연스럽게 연결되게 다시 써줘.’ 그러면 AI는 전체 이야기를 꿰뚫어 보며 시작과 끝을 유기적으로 엮어줍니다. 처음의 떨림이 마지막 문장에도 은은하게 남아있도록, 초심이 결말에도 반짝이도록 도와주는 것이지요.

때로는 이렇게 요청하세요. “이 글 전체를 평가해줘.” AI는 먼저 글의 장점을 꼼꼼히 짚어주고, 고칠 수 있는 부분을 섬세하게 알려줍니다. 그러고 나서 “그럼 그 개선점을 적용해서 보완해줘.”라고 요청하면 당신의 의도를 잃지 않으면서 더 다듬어진, 더 고운 글로 다시 태어납니다. 마치 오랜 시간 함께 글을 써온 나만의 편집자처럼요.

AI는 초안 작성부터 최종 다듬기까지 함께하는 동료입니다. 논리와 감성을 동시에 품고 있어, 내 안의 이야기를 가장 나다운 언어로 꺼낼 수 있도록 도와줍니다. 어떤 글은 시작이 강렬하지만 끝이 흐릿하고, 어떤 글은 마지막이 인상적이지만 처음이 밋밋하지요. 그러나 첫 문장과 마지막 문장이 마주 잡은 손처럼 이어질 때, 한 편의 글은 비로소 하나의 결을 이룹니다. 그리고 그 글이 당신의 삶을 담고 있다면 그건 단순한 이야기가 아니라 오롯한 ‘자기역사’가 되는 것입니다.

4. 내 이야기처럼 느끼게 하는 공감 포인트 적용법

독자에게 감정을 전달하기

독자가 글을 읽으며 몰입하는 순간이 있습니다. 그때 그 이야기는 더 이상 '남의 이야기'가 아닙니다. 감정의 다리가 놓이고, 독자는 이야기 속으로 깊이 빠져듭니다. 하지만 그 감정을 어떻게 전할 것인가는 전혀 다른 문제입니다. 감정이란 마음 깊은 곳에서 울려 나오는 진짜 느낌이기 때문입니다.

그리고 그 진심이 독자에게까지 가닿으려면, 그 감정은 말이 아닌 장면 속에 녹아 있어야 합니다. 자기역사 쓰기에서도, 독자가 "이거 내 이야기야." 하고 느끼게 만들려면 감정이입의 포인트를 글 곳곳에 심어놔야 합니다.

일상의 디테일이 공감을 만든다

많은 사람들이 오해합니다. "드라마틱한 일이 있어야 좋은 글이 나온다."라고요. 하지만 진짜 감동은 웅장한 이야기보다도, 일상 속 사소한 감정에서 움트기 시작합니다. 마치 요리에서 복잡한 향신료보다 소금 한 꼬집, 후추 한 톨이 맛을 결정하듯, 글쓰기도 마찬가지입니다.

AI에게 이렇게 말해보세요. "겨울 새벽, 차가운 방에서 눈을 뜨는 장면을 묘사해줘." 그러면 이런 문장이 나옵니다. "창문 틈으로 스며든 바람이 목덜미를 훑고 지나간다. 이불 끝을 바짝 당기며, 또 한겨울이 시작되었음을 알아차린다." 이 문장엔 '추위'만 있는 것이 아닙니다.

고독, 피로, 체념이 함께 숨 쉬고 있습니다. 디테일이 살아 있으면 독자는 그 장면을 머리가 아니라, 피부로 느낍니다. "나도 그런 새벽 있었지…" 하며 자연스레 감정의 문이 열리는 것이지요. 일상적 감정이 살아나는 디테일 다음으로 중요한 건 그 감정을 어떻게 장면으로 전달하느냐입니다.

감정을 상황으로 보여주기

AI가 가진 큰 장점 중 하나는 감정을 장면으로 바꾸는 능력입니다. 이는 AI가 '감정'이라는 추상적인 개념을 '상황'으로 구체화하는 데 탁월하기 때문입니다. '불안'을 AI에게 설명해달라고 하면, 단순히 "나는 불안했다."가 아니라, "휴대폰 화면 불빛만 어둠을 가르고, 시계 초침 소리만 또렷하게 들리는 새벽. 이불 속에서 열 번도 넘게 뒤척였다."라는 문장을 생성해줍니다. '불안'이라는 단어 하나 없이도 그 감정이 얼마나 생생하게 전해지는지 느껴지시죠? 이처럼 감정을 보여주는 방식으로 바꾸면 독자는 글을 단순히 '읽는' 것이 아니라, 함께 느끼고 머무는 경험을 하게 됩니다.

보편적 경험을 구체적으로 묘사하기

가장 강력한 공감은 거창한 고백이 아니라, 누구나 가슴 한 켠에 품고 있는 기억을 건드릴 때 생깁니다. 겨울 새벽의 싸늘한 고요, 생일날 혼자 끓여 먹던 따끈한 라면, 친구 앞에서 꺼내기 망설였던 도시락, 돌아서며 애써 삼킨 인사 한 마디. 이런 평범하지만 선명한 장면들 속에서 우리는 서로의 마음에 한 걸음 더 다가가게 됩니다.

왜일까요? 바로 그런 장면 안에 감정이 녹아 있기 때문입니다. 단순한 묘사를 넘어, 상징과 구체적인 장면으로 감정을 '보여주는 것'이 더 깊은 공감을 만들어내기 때문입니다. 어릴 적 엄마가 늦게 귀가하실 때 창가에 서서 어두운 골목을 바라보며 마음 졸이던 그 순간을 떠올려 보세요. 그건 단순히 기다림이 아니라 '사랑, 걱정, 서운함'이 뒤섞인 복합 감정이었을 거예요.

AI에게 "어린 시절 엄마를 기다리던 장면을 감성적으로 써줘."라고 입력하면 다음과 같이 나올 수 있어요. "가로등 불빛이 드문드문 비추는 골목 끝, 발자국 소리 하나에 가슴이 쿵 내려앉는다. 낯선 그림자가 보이면 숨을 죽인다. 엄마였으면…" 이처럼 디테일하고 구체적인 장면은 감정을 더욱 선명하게 전달해 줍니다.

　AI는 감정을 다듬고, 그 감정을 '상황'과 '장면'으로 빚어내는 데 탁월합니다. 단순한 문장보다 장면이 감정을 더 깊이 이끌어내기 때문이지요. 보편적인 경험일수록 구체적으로 묘사할 때 더 큰 공감을 얻습니다. AI는 이런 익숙한 순간들을 감각적인 장면으로 바꾸는 데도 탁월하지요. 이를테면, AI에게 '우산 없이 비를 맞으며 걷는 순간'을 설명해줘라고 하면 단순히 "비를 맞으며 걸었다."가 아니라, "머리카락 끝에서 물방울이 또르르 떨어진다. 셔츠 소매가 서서히 젖어들고, 신발 속 양말이 눅진하게 발에 달라붙는다."와 같이 문장을 만들어냅니다. 누구나 한 번쯤 겪은 이 장면을 읽으면 독자는 그 감각을 떠올리며 자연스레 공감하게 됩니다.

　같은 방식으로, AI에게 '아침 알람에 눈뜨는 순간'을 설명해줘라고 하면 단순히 "아침에 일어났다."가 아니라, "알람 소리가 방 안에 날카롭게 퍼진다. 이불 속 공기가 아직 미지근하고, 눈꺼풀이 모래알처럼 무겁게 내려앉는다."와 같이 문장을 만들어냅니다.

　이처럼 보편적인 경험을 구체적으로 묘사하면 독자는 머리가 아니라 몸으로 그 순간을 기억하고, 자신만의 장면을 떠올리며 글에 한층 깊이 몰입하게 됩니다.

　AI는 감정을 다듬고 장면을 빚어내는 데 더없이 좋은 감정의 번역가입니다. 하지만 그 감정의 씨앗은 당신의 삶, 당신의 경험 안에 있습니다. 이제, 그 씨앗에 AI의 손을 빌려 빛을 입히고, 온기를 더해보세요. 그러면 그 이야기는, 어느새 누군가의 '내 이야기'가 되어 마음속 깊이 스며들 것입니다.

직접 해보기

1단계: 감정을 장면으로 보여주기

감정은 '설명'보다 '보여주는' 방식으로 전달될 때 더 깊은 울림을 줍니다. 상징적인 이미지나 구체적인 장면으로 표현하는 법을 익혀봅니다.

> **예시** 이청준의 『눈길』
>
> "장지문 밖 마당가에 작은 치자나무 한 그루가 한낮의 땡볕을 견디고 서 있었다."

> **실전 연습**

살아온 날들 중에서 '감정을 참았던 순간'을 떠올려보세요. 그 감정을 사물이나 자연물에 빗대어 표현해 보세요.

> **예시** "내 마음은 식탁 위에 놓인 식은 국처럼 누구에게도 데워지지 못한 채 한참을 그대로 있었다."

여기에 직접 써보세요.

2단계: 1인칭 시점으로 전환하기

"그녀는…"보다 "나는…"으로 시작하면 감정이 더 진하게 묻어납니다.

"그녀는 밤마다 창밖을 보며 어머니를 기다렸다."를 1인칭 으로 바꿔보세요.

> **예시** "나는 밤마다 창밖을 바라보았다. 엄마가 오는 소리가 안 들릴까 봐 숨도 크게 쉬지 못한 채."

여기에 직접 써보세요.

3단계: 개인적인 일화 끌어내기

공감은 '특별한 사건'보다 '보편적인 감정'에서 생깁니다.
어린 시절, 외롭거나 부끄러웠던 순간을 꺼내어 써보세요.

어릴 적 외로웠던 순간을 떠올려, 그 장면을 3줄로 써보세요.
예시 "운동장 끝자락, 내 그림자 하나가 쓸쓸히 늘어져 있었다.
모두가 짝꿍을 찾을 때, 나는 바닥을 향해 고개를 숙였다.
그날 처음 알았다. 바람은 혼자 남은 사람에게만 더 매서웠
다는 걸."

여기에 직접 써보세요.

4단계: AI에게 감정 표현 다듬기 요청하기

감정이 잘 드러나는지 확신이 없을 땐, AI에게 묻고 다듬어
보세요. AI는 당신의 감정을 더 섬세하게 번역할 수 있는 감정 편
집자입니다.

 "할머니가 돌아가셨다."를 AI에게 감정 표현 다듬기 요청

 "이 문장을 감정적으로 더 풍부하게 표현해 줘."

 "병실 창문 틈으로 바람이 들이쳤다. 바람 소리에 눈을 뜨신 줄 알았던 할머니는 조용히 잠들어 계셨다."

"나는 혼자 방 안에 앉아 있었다."를 AI에게 감정 표현을 다듬어줘 라고 요청 해보세요.

결과를 여기에 직접 써보세요

5단계: 진심으로 마무리하기

독자는 '꾸며낸 감정'보다 '솔직한 고백'에 더 큰 울림을 느낍니다. 내 감정에 충실한 한 줄로 마무리해보세요.

"아버지가 쓰러지시던 날, 나는…"이라는 상황을 진정성 있게 마무리해보세요.

예시 "아버지가 쓰러지시던 날, 나는 울지 않았다. 어른이 된다는 건 참는 거라고 믿었기 때문이다."

여기에 직접 써보세요

공감은 '잘 쓰는 글'보다 '진심이 담긴 글'에서 나옵니다. 연습을 통해, 당신의 삶을 누군가의 마음으로 옮겨보세요. 그 시작을 AI가 함께 도와줄 수 있습니다.

Day 6.

내 이야기를 세상에 공개하다

1. SNS에서 '읽고 싶은 책'으로 만드는 마케팅 비법

책의 완성은 쓰는 것이 다가 아니다

책은 쓰는 것만으로는 절대 완성되지 않더라고요. "책을 쓰는 데보다 훨씬 더 많은 시간과 정성이 필요한 건, 그 책이 사람들에게 꾸준히 읽히게 만드는 일이다." 이 단순한 진실을 깨닫기까지, 저는 두 권의 책을 써야 했습니다. 첫 책을 쓸 때 정말 몰랐어요. 작가는 그저 마감만 지키고, 글만 잘 쓰면 되는 줄 알았지요. 하지만 한 권의 책이 세상에 나오기까지 얼마나 많은 사람의 손길이 닿는지 그 무게를 전혀 알지 못한 채, 무사히 원고만 넘기면 된다고 믿었습니다.

출간 후에야 비로소 알게 됐습니다. 글을 쓰는 시간보다 훨씬 오래 걸리는 일이 바로 '책을 읽히게 만드는 일'이라는 것을요. 편집자, 디자이너, 출판사 대표, 마케터…… 수많은 사람들이 한 권의 책을 함께 만들어갑니다. 그 모든 과정을 거쳐야 책은 비로소 독자에게 닿습니다. 그런데 그때 저는 순진하게도, 아니 솔직히 말하면 무지하게도, "마케팅은 출판사 몫이겠지." 하며 모든 책임을 넘겨버렸습니다. 지금 생각해도 얼굴이 붉어질 만큼 부끄러운 일입니다.

철학자 한나 아렌트는 말했습니다.

"무지는 죄다."

물론 그녀가 말한 '무지'는 정치적 순응과 악의 평범성에 관한 것이었지만, 저는 책을 내고 나서야 이 문장이 마음 깊이 와 닿았습니다. 저의 무지는 결국 이기적인 결과를 낳았고, 그 결과 는 고스란히 책에, 그리고 함께한 사람들에게도 영향을 미쳤으 니까요.

아이들의 특목고 자기소개서나 대입 논술을 도울 때, 저는 누구보다 진심이었습니다. 학생들은 저희 학원을 '지옥의 순희' 라고 불렀습니다. '지옥의 순희'에게 가면 누구도 떨어질 수 없다 는 소문이 아이들 사이에 암암리에 퍼져 있었습니다. 시험일이 가까워질수록 아이들은 점점 더 조바심을 냈습니다. 불안한 마 음을 드러내며 "제가 선생님 명성에 흠집을 낼지도 몰라요. 스크 래치를 내는 1호가 될 거예요"라고 말하던 아이도 있었습니다. 그럴 때마다 저는 말없이 어깨를 두드려주거나, 때론 아이의 눈 을 똑바로 바라보며 말했습니다. "절대 그럴 일 없어. 안 되면 새 벽 3시까지라도, 아니 밤을 새워서라도 널 합격하게 만들 거야. 너를 유익하게 하는 일이 곧 나를 유익하게 하는 일이니까. 반드 시 그렇게 할 거야." 아이가 주저앉지 않도록 곁에서 걸음을 맞 췄고, 시험 전날까지, 마지막 순간까지 함께 버텼습니다.

그렇게 아이들의 인생을 위해 온 마음을 다했던 제가, 정작

제 책을 세상에 내놓을 때는 출판사에 도움이 되는 일을 아무것
도 하지 않았습니다. 아니, 해야 한다는 사실조차 몰랐습니다. 출
간 전에도, 이후에도 한발 물러서 있었습니다. '책을 썼으니 이제
끝났다'는 생각이 어딘가 있었던 것 같습니다. 책이 팔리는 일은
출판사의 몫이라고 여겼던 것일지도 모릅니다. 하지만 지금 돌
아보면, 책이 잘 팔리도록 돕는 일이야말로 제 책의 가치를 높이
는 일이었고, 결국은 저 자신을 위한 일이었다는 사실을 이제야
조금씩 깨닫고 있습니다. 무지는 게으름이 되었고, 게으름은 곧
책임 회피가 되었던 겁니다.

책은 혼자 쓰는 것 같지만, 사실은 함께 만들어지는 것입
니다. 누군가와 마음을 모으고, 애쓰며 함께 움직일 때 비로소 한
권의 책은 세상과 온전히 연결됩니다.

'읽고 싶은 책'이 되는 작가의 SNS 습관

무지를 깨달은 건, 참 우연한 계기였습니다. 『부부가 놀고
있습니다』를 쓰신 편성준 작가님의 브런치 글을 인상 깊게 읽은
날이었어요. '아, 이런 유쾌한 글을 나도 써보고 싶다.'라는 생각
이 들었지요. 마침 제가 운영하는 학원에는 작가분들이 강연을
하실 수 있는 공간이 있었어요. 그래서 용기 내어 메일을 보냈지
요. "작가님, 제게 수업할 공간이 있습니다. 저도 작가님처럼 유
쾌하고 재미있는 글을 쓰고 싶어서 그러는데요. 혹시 저희 학원

에서 '글쓰기 교실'을 열어보시는 건 어떠세요?" 놀랍게도 긍정적인 답변이 왔고 정말로 반이 꾸려져서 편 작가님의 1차시 수업이 진행되었습니다. 그런데 그 수업이 끝난 그날 저녁에 학부형 한 분이 전화를 주신 거예요. 아마도 평소처럼 편 작가님께서 수업 상황을 인스타에 올리신 듯 해요.

"편 작가님이 원장님 학원에서 수업하세요?"
"어머, 어떻게 아세요?"

여쭤보니, 그분의 대답은 이랬습니다.

"『부부가 놀고 있습니다』를 저희 출판사에서 냈거든요."

그 학부형이 출판사를 운영하고 계셨던 겁니다. 세상에, 출판사 대표님이 수강생 어머니였다니요!

"저도 10쇄 가고 싶어요!"
"안 하실 거잖아요!"

저는 "어머, 바깥일을 안 하시는 줄 알았는데요." 하면서 농담 반 진심 반으로 이렇게 말했어요. "제가 책을 쓰고 있는데 저도 『부부가 놀고 있습니다』처럼 나오자마자 3쇄 찍고 곧바로 10

쇄 넘기고 싶어요! 제 책을 출간해 주실 수 있나요?" 1초의 망설임도 없이 학부형은 단칼에 거절했습니다.

"저는 SNS에서 홍보하는 법을 잘 몰라요." 제가 멋쩍게 웃으며 그렇게 말하자, 수화기 너머로 그 학부형이 단호하지만 부드러운 목소리로 말씀하셨어요. "사람들 앞에 좀처럼 나서지 않기로 유명한 ○○ 소설가분도, 본인 책이 나오면 발품을 팔아가며 온갖 자리에 다 참석하십니다. 작가라고 해서 저절로 알려지는 게 아니에요." 그 순간 머리를 망치로 얻어맞은 듯했어요. 그땐 정말 블로그 계정 하나뿐이었고 그마저도 비공개 일기장처럼 혼자만 보는 곳으로 활용했으니까요. SNS는 거들떠보지도 않았고 페이스북이나 인스타그램은 계정조차 없었거든요.

베스트셀러 작가가 보여준 마케팅의 정석

반면 편성준 작가님은 정말 달랐습니다. 책을 쓰는 동안부터 인스타그램과 브런치에 꾸준히 작업 일지를 올리셨고, 책이 출간된 후에는 일상의 순간들을 자연스럽게 SNS에 공유하셨어요. "어느 식당에 저녁을 먹으러 왔는데 사장님이 내 책을 알더라." 하며 『부부가 놀고 있습니다』 책을 슬쩍 테이블 위에 올려놓은 사진을 올렸어요. 키우는 고양이 순자의 이야기를 나누면서 책 링크를 덧붙이는 식이었지요. 그것은 단순히 '책을 팔기 위한 홍보'라기보다는, 작가의 일상을 들여다보게 하는 일이었습니다. 그래서 독자들은 마치 "내가 정성껏 지켜봐 온 책이 드디어 세상에 나왔구나!" 하는 엄마 같은 마음으로 응원하게 되었습니다. 그리고 그 애정이 자연스럽게 구매로 이어졌다고 생각합니다.

물론 출판사도 열심히 마케팅 했습니다. 하지만 중요한 것은 책의 운명 역시 작가의 애씀과 돌봄을 필요로 한다는 사실입니다. 책은 단지 쓰는 것으로 끝나는 것이 아니라, 누군가와의 관계를 맺을 때 비로소 살아나는 존재입니다. 독자와 관계를 맺지 못하면, 아무리 잘 쓴 책이라도 마음에 닿지 못하고 스쳐 지나가 버릴 수 있습니다. "어, 이게 뭐였지?" 하며 잊히는 건 순식간이지요. 결국 책은 단순한 정보가 아니라, 누군가의 일상과 감정 속에 들어가야 비로소 숨을 쉽니다.

출간은 단순한 출발이 아니라, 독자와 관계를 맺는 첫 장면입니다. 편성준 작가님의 팔로워들은 그분의 삶과 책의 탄생 과정을 함께 지켜보며 자연스럽게 정서적 연결을 맺어왔습니다.

그래서 그 책은 '어디선가 본 책'이 아니라, '내가 잘 아는 사람이 쓴 책', '나와 친밀한 작가의 책'처럼 느껴지는 것입니다. 이러한 친밀감은 곧 '읽고 싶은 책'이 되고, '응원하고 싶은 책'이 되며, 결국 '사고 싶은 책'으로 이어지게 됩니다.

읽히는 책으로 만드는 셀프 마케팅 루틴

저는 이 일을 계기로 뒤늦게 '읽히는 책을 위한 작가의 습관'을 배우기 시작했어요. 글만 쓰는 작가가 아닌 '관계를 맺는 작가'로 바뀌기 위한 루틴이지요. 여러분께도 알려드릴게요.

1) 책 쓰기 시작부터 SNS 공유하기

"오늘부터 챕터 1 들어갑니다. 설레고 떨려요." "오늘의 주제는 '엄마와의 첫 기억'입니다. 여러분은 어떤 기억이 떠오르시나요?"

2) 책과 연결된 감정이나 고민을 포스팅하기

"제가 이 책을 쓰게 된 계기는요…" "어릴 적 기억이 자꾸 떠올랐어요. 그게 이 장면으로 연결됐어요."

3) 관련된 책, 영화, 사람들과 연결 지어 말하기

"이 장면을 쓰면서 <리틀 포레스트>가 떠올랐어요." "나에게 '쓰기란 무엇인가'를 알려준 ○○○ 선생님 생각이 났어요."

4) 꾸준한 해시태그 사용하기

#자기역사쓰기 #AI책쓰기 #책쓰기챌린지 #내책한권 통일된 해시태그를 꾸준히 쓰면 검색률이 높아집니다.

5) 카드뉴스 제작 & 예약판매 공지

각 챕터의 핵심을 요약한 카드뉴스나 미리 보기 콘텐츠 업로드하기, 예약 판매 날짜와 이벤트를 미리 알리는 포스팅하기

6) 비하인드 씬 공개하기

"글 쓰다가 울컥해서 30분 멈췄어요. 이럴 땐 어떡하죠?"
"책 제목 후보 3개! 투표해주세요~!"

7) 카드뉴스로 요약 콘텐츠 만들기

책 내용 중 핵심 문장, 감동 포인트를 이미지화해서 올리면 효과 만점입니다. 미리보기 느낌으로 SNS에 연재하는 것도 방법이지요.

8) 리뷰 이벤트와 예약판매 연계

"예약 구매하신 분들 대상으로 줌으로 한 시간 글쓰기 특강합니다." "구매한 책의 사진을 올려주신 분들 글 한 편 쓰기에 초대합니다."

마케팅 전략 예시

저의 책쓰기 강의에 참여했던 수강생 '인생업' 님은 이 전략을 정말 탁월하게 활용하셨습니다. 책을 쓰기 시작하자마자

주변에 알리기 시작했고, 출판사와의 진행 상황도 그때그때 저와 꼼꼼히 공유하셨습니다. 동시에 유튜브 커뮤니티, 인스타그램, 블로그 등 자신이 운영하는 모든 SNS 채널에 책 관련 이야기를 꾸준히 올리셨지요.

특히 눈에 띄었던 점은, 자신이 가진 네트워크를 적극적으로 활용했다는 것입니다. 알고 지내던 유튜버와 인플루언서 플랫폼에도 자연스럽게 책을 알렸고, 각기 다른 대상에 맞춰 맞춤형 콘텐츠도 운영했습니다. 부동산 커뮤니티에는 '단기임대 특강'을, 인스타 독서모임에는 'AI 동화책 쓰기 과정'을, 직장과 관련된 네트워크에는 '400만 원으로 미국 주식하기' 같은 무료 강의를 구성해 소개한 겁니다.

이렇듯 독자와의 접점을 다방면으로 넓힌 결과, 예약 판매가 시작된 지 10일도 채 되지 않아 온라인 서점의 판매지수 9,000을 돌파했습니다. 심지어 대형 서점 두 곳에서 먼저 연락이 와서, 책을 매대에 올리겠다는 제안까지 받았습니다.

놀라운 성과였지만, 그 핵심은 팔로워 수나 인지도 때문이 아니었습니다. 인생업 님이 성공할 수 있었던 가장 큰 이유는 바로, 초반부터 '함께 쓰고 있다'는 느낌을 독자에게 주었다는 점이었습니다. 책의 탄생 과정을 하나의 이야기로 공유하며 독자와 정서적 유대를 만들어간 것, 그 진심이 결국 성과로 이어진 것입니다.

중요한 것은 '공감'

내가 쓴 책이 많이 읽히고 사랑받기를 바란다면, 나를 멋져 보이게 하는 데 힘쓰기보다 왜 이 책을 쓰게 되었는지를 솔직하게 들려주는 것이 더 중요합니다. 독자들은 완벽해 보이는 작가보다는 진심을 전하는 저자에게 마음이 더 끌리기 때문입니다. 글을 쓸 때도 마찬가지입니다. 문장을 아무리 매끄럽게 다듬고 멋진 표현을 사용해도, 그 안에 진심이 빠져 있다면 독자의 마음을 움직일 수 없습니다. 반대로 조금 서툴더라도 작가의 진짜 이야기가 담겨 있다면 그 글은 오래도록 누군가의 가슴속에 남습니다.

자신의 책을 홍보하는 일은 결코 부끄러운 일이 아닙니다. 오히려 책을 썼다는 건 세상과의 대화를 시작했다는 뜻입니다. 그리고 그 대화를 여는 첫걸음이 바로 "내가 왜 이 책을 쓰게 되었는가"를 말하는 것입니다. 책 마케팅은 연애와도 닮아 있습니다. 처음부터 고백하지 않으면, 상대는 나를 알 수도 없고 관심을 가질 수도 없습니다. 저자는 자신의 책이 독자에게 선택받는 책이 되도록 사랑받는 법을 배워야 합니다.

출간과 동시에 읽히는 책을 만들고 싶으신가요? 그렇다면 책을 쓰고 있는 바로 지금 이 순간부터 독자와 함께하세요. 독자의 마음은 작가의 진심에 반응합니다. 그러니 정말 중요한 것은 "SNS에 무엇을 올릴까?"가 아니라 "나는 왜 이 이야기를 세상에 들려주고 싶은가?"라는 질문입니다. 그 물음에 진심으로 답하는 순간, 당신의 책은 누군가에게 꼭 읽고 싶은 책이 됩니다.

2. AI로 매력적인 신간 보도자료 작성하기

돈을 부르는 출간 전략

신간 보도자료와 일반 보도자료는 무엇이 다를까요? 처음 보도자료를 작성해보는 분들께 가장 많이 듣는 질문 중 하나는 바로 이겁니다. "그냥 보도자료 쓰면 되지 신간 보도자료는 뭐가 다른가요?" 보도자료는 '무언가를 세상에 알리는 문서'입니다. 하지만 일반 보도자료와 신간 보도자료는 목적과 말하는 방식이 완전히 다릅니다. 일반 보도자료는 기업, 기관, 단체가 자신들의 활동을 공적으로 알리기 위한 정보 중심 문서입니다. 신제품 출시, 정책 발표, 후원 행사 같은 것을 언론에 알릴 때 사용하지요. 중립적이고 객관적인 정보 전달이 핵심입니다.

반면에 신간 보도자료는 책의 매력을 독자에게 설득력 있게 전하는 감성적인 글입니다. 단순한 정보 전달을 넘어 독자의 마음을 움직이고 구매 행동을 유도해야 하기 때문입니다. 감성의 강도, 문장 톤, 문서의 목적, 활용되는 채널까지 다르기에 이 두 종류를 구분해서 이해하는 것이 중요합니다. 신간 보도자료를 쓸 때는 훨씬 더 '스토리텔링'과 '감성'을 담아야 합니다. 신간 보도자료는 출간을 앞두거나 막 출간된 책의 핵심 내용을 요약하여 언론사나 블로거, 인플루언서, 도서 플랫폼 등에 배포하는 소개용 글입니다. 책을 널리 알리기 위한 '책의 자기소개서'이자 '작가의 세일즈 도구'라고 볼 수 있지요.

신간 보도자료를 써야 하는 이유

좋은 책을 썼다고 자동으로 사람들이 알게 되는 건 아닙니다. 아무리 감동적인 이야기도 그 존재를 모르면 감동받을 기회조차 없지요. 출간 보도자료는 책의 첫인상을 만드는 중요한 문입니다. 이를 통해 편집자, 기자, 독자에게 "이 책, 읽어볼 만하다!"라는 인상을 줄 수 있습니다. 신간 보도자료의 효과는 얼마나 클까요? 출간 보도자료를 발송한 도서가 그렇지 않은 도서보다 초판 완판율이 높다는 출판 업계의 통계도 있습니다. 이는 단순히 책을 알리는 수준을 넘어, '판매로 이어지는 전략'임을 의미합니다.

어느 신진 작가가 쓴 자전적 에세이가 있었습니다. 아무도 알지 못했던 이 책은 작가가 직접 작성한 진심 어린 보도자료 한 장으로 지역 언론에 소개되었고 이후 SNS에서 '찐 후기'가 쏟아지며 베스트셀러 반열에 올랐습니다. 중요한 것은 그 보도자료가 단순한 요약이 아니라 '왜 이 책이 지금 우리에게 필요한가'를 설득력 있게 담았다는 점입니다.

잘 된 신간 보도자료는 어떻게 찾을 수 있을까요? 저는 출간을 앞둔 책이 있을 때마다 교보문고, 예스24, 알라딘 등의 신간 코너를 유심히 관찰합니다. '이 책, 왜 눈에 띄지?' 하는 순간 보도자료를 찾아 읽어보면 구조가 아주 명확합니다.

좋은 보도자료에는 다음 요소들이 공통적으로 들어 있습니다.

1) 책 제목과 부제목
– 독자의 관심을 단숨에 끌어당기는 강렬한 한 줄 소개

2) 작가 소개 및 집필 배경
– 이 책을 쓴 이유와 저자가 가진 전문성, 경험의 맥락

3) 책의 주요 메시지와 핵심 목차
– 독자가 이 책을 통해 얻을 수 있는 핵심 가치와 흐름

4) 독자 타겟 설정
– 이 책이 누구를 위한 책인지, 어떤 독자에게 유용한지에
  대한 명확한 설정

작가의 한마디 또는 출간 의도

- 저자의 진심, 독자에게 꼭 전하고 싶은 말

인용 가능한 문장이나 책 속 문구

- 소개 글이나 마케팅에 활용 가능한 울림 있는 문장들

보도자료는 책의 예고편입니다. 영화 예고편이 관객의 호기심을 자극하듯 신간 보도자료는 독자에게 '궁금하다'라는 마음을 품게 하지요.

AI로 신간 보도자료를 쓰는 방법

이제 AI와 함께라면 초보 작가라도 전문가처럼 보도자료를 쓸 수 있습니다. 방법은 간단합니다. 좋은 보도자료를 먼저 AI에 학습시켜 주세요. 베스트셀러의 보도자료를 수집해서 "이런 형식으로 내 책 보도자료를 써줘."라고 요청한 후 내 책의 특징과 독자 대상, 전달하고 싶은 메시지를 요약해 입력합니다.

> **AI 프롬프트 예시**

"다음 정보를 참고해 신간 보도자료를 1,000자 내외로 써줘. 문장은 따뜻하고 설득력 있게 써줘."

책 제목: 『AI로 쉽게 자기역사 쓰기』

대상 독자: 시니어, 초보 작가

책의 핵심 메시지: 'AI의 도움으로 누구나 자기 삶을 책으로 만들 수 있다'

작가의 출간 동기: '평범한 사람들의 삶에도 빛나는 이야기가 있다는 믿음으로 시작한 책'

AI가 초안을 제안해 주었다면, 그 위에 감정을 덧입히는 일은 작가의 몫입니다.

AI가 구조를 잡고 뼈대를 세운다면, 작가는 '진정성'이라는 살을 붙이고 숨결을 불어넣어야 합니다. 효율적이고 논리적인 글을 만드는 데는 AI가 훌륭한 조력자가 되어주지만, 사람의 마음을 두드리는 문장, 가슴에 오래 남는 이야기는 결국 사람의 손끝에서 완성됩니다.

AI가 만들어낸 글이 잘 정리된 업무용 서류라면, 작가는 그것을 사랑을 담은 편지처럼 다듬어야 합니다. 문장은 비슷해 보여도, 마음이 담기느냐 담기지 않느냐에 따라 전혀 다른 결을 가집니다. 누군가는 보고 지나치는 글이 되고, 누군가에게는 오래도록 되새기게 되는 문장이 되기도 합니다. 그 차이를 만드는 건 결국, 작가의 마음이 은은히 배어 있는 문장의 온기입니다.

한 권의 책은 작가의 존재를 기록한 흔적이고, 그 책을 세상에 알리는 보도자료는 그 존재가 세상에 건네는 첫 인사말입니다.

그렇기에 그 첫 말은 단정하고 따뜻하며, 무엇보다 사람의 체온이 느껴지는 언어여야 합니다. 독자의 마음에 닿는 소개는 멋진 문장이나 완벽한 포맷보다는, 진심에서 비롯된 표현과 정서적 울림에서 나옵니다.

AI는 공동 저자라기보다는, 생각을 정리해 주고 표현을 도와주는 든든한 조력자입니다. 마치 마라톤을 뛸 때, 끝까지 포기하지 않도록 함께 페이스를 맞춰주는 페이스메이커처럼요. 말문이 막힌 순간에는 방향을 잡아주고, 막막한 순간에는 첫 문장을 열어주는 존재. 그러니 AI가 제안한 초안이 완성되었다면, 그 위에 여러분의 문체와 감정을 덧입혀 마무리해 주세요. 가장 중요한 문장은, 당신의 진심에서 시작됩니다.

보도자료는 세상과 연결되는 첫 문장

'책 소개 글'과 '보도자료'는 모두 책을 설명하는 글이지만, 그 성격은 다릅니다. 소개 글이 독자에게 직접 말을 거는 편지라면, 보도자료는 언론과 미디어를 통해 독자에게 도달하는 간접적인 메시지입니다. 말하자면, 보도자료는 세상을 향해 내 책을 소개하는 메가폰입니다. 그리고 그 메가폰을 통해 내 책을 응원할 '첫 번째 팬'을 만나는 과정이기도 하지요.

그런데 책만 출간하고 보도자료를 쓰지 않는다는 것은, 초대장을 보내지 않고 파티를 여는 것과도 같습니다. 아무리 정성껏 준비한 잔치라도, 손님이 오지 않으면 그것은 무용지물이 되고 맙니다. 심혈을 다해 쓴 책도 마찬가지입니다. 아무에게도 존재를 알리지 않으면, 그 책은 세상에 조용히 묻혀버릴 수밖에 없습니다.

특히 AI 시대의 작가에게 보도자료 작성은 더 이상 선택이 아닌 필수입니다. AI가 초안을 만들고 구조를 잡아주는 동안, 작가는 그 위에 자신의 언어와 감정을 얹어 설득력 있는 보도자료를 완성할 수 있습니다. 지금은 보도자료 한 장이 책의 앞날을 좌우할 수 있는 시대입니다. 그 한 장의 문서가 누군가의 눈길을 끌어 책장을 넘기게 만들 수도 있고, 반대로 책이 아무에게도 닿지 못한 채 사라지게 만들 수도 있습니다.

AI와 함께 쓰는 신간 보도자료는 이제 전문가의 영역이 아닙니다. 작가 자신이 콘텐츠 제작자이자 마케터가 되어야 하는 시대입니다. 당신의 이야기를 세상에 가장 잘 소개할 사람은 결국, 당신 자신이기 때문입니다.

AI 신간 보도자료 프롬프트 10종

1) 기본형 프롬프트: "내 책을 보도자료 형식으로 써줘"

내 책 정보를 바탕으로 신간 보도자료 형식으로 1000자 내외로 써줘.

제목: 『AI로 쉽게 자기역사 쓰기』

저자: 진순희

핵심 메시지: AI를 활용해 누구나 자신의 인생을 7일 만에 책으로 쓸 수 있다.

대상 독자: 시니어, 글쓰기 초보자, 자서전을 꿈꾸는 사람들
감성적인 문장, 언론 기사 스타일로 부탁해.

2) 감성형: "기자의 마음을 움직이는 따뜻한 소개글로 써줘"

책의 소개지만, 정보 중심보다는 '따뜻하고 감성적인 분위기'로 써줘. 독자가 이 책을 '읽고 싶어지도록' 부드럽고 공감 가는 톤으로 써줘. 첫 문장에 질문을 던져도 좋고, 마지막은 작가의 말로 마무리해 줘.

3) 전문가 추천형: "이 책을 전문가가 추천한 것처럼 써줘"

이 책이 마치 교육 전문가나 출판 평론가가 추천한 것처럼 보이게 보도자료를 써 줘. 책의 필요성과 사회적 의미를 강조해 줘. 책의 장점을 객관적으로 보여주되 추천하는 어조로 써 줘.

4) 타이틀 강조형: "책 제목에 끌리게 해줘"

보도자료의 제목과 부제목만 5개 만들어줘. 흥미를 유도하고 독자가 클릭하고 싶게 만들어줘. 주제는 『AI로 쉽게 자기역사 쓰기』. AI, 자서전, 시니어, 글쓰기 키워드를 활용해 줘.

5) 비교 강조형: "다른 책과 비교해서 강점을 부각시켜 줘"

기존의 자서전 쓰기 책이나 글쓰기 책과 비교해서 이 책 『AI로 쉽게 자기역사 쓰기』의 차별점을 강조해서 써줘. 초보자도 쉽게 따라 할 수 있다는 점, AI의 도움을 받아 자기역사를 부담감 없이 쓸 수 있다는 점에 집중해 줘.

6) 독자 공감형: "이 책이 필요한 독자에게 말을 거는 톤으로 써줘"

이 책이 꼭 필요한 사람들에게 말을 거는 형식으로 써줘. '글을 써보고 싶지만 막막했던 당신에게', '부모님의 이야기를 기록하고 싶은 당신에게' 등 공감하는 문장으로 시작하고 이 책이 어떻게 도움을 줄 수 있는지 설명해 줘.

7) 인터뷰형: "작가의 한마디가 중심인 보도자료로 써줘"

작가가 직접 출간 소감을 말하는 것처럼 보도자료를 구성해줘. 인터뷰 형식('작가 진순희는 이렇게 말했다…')으로 써주고 그 말에서 책의 주제와 따뜻한 진심이 드러나도록 해줘.

8) 뉴스형: "신문 기사처럼 보이게 해줘"

이 책이 언론 기사에 소개되는 것처럼 뉴스 보도 형식으로 써줘. 기자가 쓴 기사처럼 제목, 부제목, 리드문, 본문 구성으로 만들어줘. 시사적 맥락(예: AI 열풍, 시니어 글쓰기 교육 등)과 연결해도 좋아.

9) 짧은 SNS형: "SNS에 쓸 수 있게 짧은 보도자료를 써줘"

인스타그램이나 브런치, 페이스북에 올릴 수 있는 300자 이내의 짧고 강렬한 신간 소개글을 써줘. 핵심 문장은 독자의 마음을 흔드는 어조로 써줘.

10) 서점 등록형: "예스24나 교보문고에 들어갈 책 소개글 써 줘"

예스24나 교보문고 상품 페이지에 들어갈 '출판사 서평' 형식으로 700~1,000자 분량의 책 소개를 써줘. 책의 핵심 메시지, 대상 독자, 작가의 의도, 감성적인 문장을 포함해 줘.

3. 후속 작품 구상하기!

내 인생의 다음 챕터

한 권의 책이 끝나면 우리는 깨닫게 됩니다. '이야기는 아직 끝나지 않았다'라는 사실을요. 자기역사 쓰기는 단순히 과거를 회고하는 데서 그치지 않습니다. 그 여정을 통해 우리는 남은 인생을 새롭게 설계할 기회를 얻게 되지요. 자신의 이야기를 한 권의 책으로 정리하고 나면 자연스럽게 이런 질문이 떠오릅니다. '그렇다면, 앞으로의 삶은 어떻게 살아갈 것인가?' 이것은 단순한 미래 계획이 아닙니다. 마치 작가가 다음 책을 기획하듯 인생의 다음 장을 구상하는 일입니다.

어떤 분은 『돌봄의 기억』이라는 자기역사를 쓴 뒤 후속 작품으로 『간병하는 마음』을 기획했습니다. 첫 번째 책이 가족을 돌본 경험에 집중했다면 두 번째 책은 돌봄을 통해 변화된 자신의 가치관과 삶의 철학을 담고 있었지요. 이처럼 한 권의 책이 끝이 아니라 더 깊은 성찰로 이어질 수 있습니다. 자기역사 쓰기를 마친 지금은 이야기의 종착점이 아니라 '다음 이야기를 여는 출발점'입니다. 지금 이 시점에서 다음 챕터를 구상하는 일은 단순한 미래 계획을 넘어 자신의 삶을 더 능동적이고 창의적으로 디자인하는 과정이기도 합니다.

두 번째 이야기의 시작

이제 한 번 돌아보세요. 지금까지 당신이 살아온 인생에는 어떤 중심 주제가 있었을까요?

누군가는 '극복'을, 또 누군가는 '사랑과 돌봄', 혹은 '배움과 성장'을 삶의 축으로 삼아왔을지도 모릅니다. 당신의 인생은 분명 하나의 흐름 속에서 어떤 고유한 색깔을 띠며 이어져 왔을 것입니다. 그렇다면 이렇게 정리해볼 수 있겠지요. "넘어져도 다시 일어서는 법을 배운 소녀의 이야기." "나를 돌보며 타인을 위로하는 길을 스스로 찾아온 사람의 발자취."

이 한 문장은 지금까지의 삶을 함축하는 문장이자, 다음 이야기를 열어주는 실마리가 됩니다.

첫 책이 과거를 돌아보며 정리하는 작업이었다면, 이제는 그 경험을 바탕으로 앞을 향해 상상해보는 시간이 찾아온 셈입니다.

후속 작품을 위해 이런 물음을 던져보세요. "요즘 가장 마음을 끄는 관심사는 무엇인가요?"

"10년 후 나는 어디서, 누구와, 어떤 삶을 살고 있을까요?" "지금 꼭 남기고 싶은 내 문장은 무엇인가요?" 예를 들어 "나는 세대를 잇는 AI 글쓰기 교사로서 경단녀와 시니어에게 희망을 전하고 싶다."라는 대답이 나올 수 있습니다.

이러한 답은 단순한 상상이 아니라, 앞으로 펼쳐질 삶의 방향을 스스로 선언하는 말이 됩니다. 결국 두 번째 이야기는, 지나온 시간을 발판 삼아 자신만의 미래를 기획하는 창조적 선언이라 할 수 있습니다. 그리고 그 새로운 이야기는 다음의 세 가지 방식으로 펼쳐질 수 있습니다.

1) 삶의 주제 확장형

첫 책에서 다룬 주제를 더 깊고 넓게 확장하는 방식입니다. 첫 책이 '돌봄의 이야기'였다면 두 번째 책은 '돌봄 이후 변화된 나의 철학'이나 '그 경험이 바꾼 나의 정체성'을 다룰 수 있습니다. 같은 주제를 다루더라도 더 성숙한 시선과 언어로 접근하면, 독자에게 새로운 울림을 전할 수 있습니다.

2) 새로운 시도형

이전 책과 전혀 다른 장르나 형식에 도전해 보는 방식입니다. 에세이에서 인터뷰집, 대화체 수업록, 상상형 시나리오, AI와의 공동 창작 등 다양한 변주가 가능합니다. 삶은 같지만, 표현 방식이 달라지면 이야기의 결도 바뀝니다.

예시 『자기역사 쓰기의 기술』 → 『AI와 함께 다시 쓴 내 인생의 시』

3) 지식 정리형

삶에서 쌓아온 경험, 철학, 노하우를 정리해 타인의 삶에 도움을 주는 지식 기반의 책으로 확장하는 방식입니다. 단순한 정보가 아니라 삶에서 길어낸 통찰과 진짜 지혜가 담겨야 합니다.

예시 『돌봄의 기억』 → 『치매 부모를 돌보는 심리적 기술』

『글쓰기로 회복한 나』 → 『AI 글쓰기 지도자의 길』

후속 작품을 고민하고 있다면 AI에게 이렇게 질문해 보세요. "나의 현재 이력과 관심사를 바탕으로, 다음 인생 챕터의 주제를 3가지로 정리해 줘." AI는 여러분의 삶과 글쓰기 경험을 바탕으로 후속 작품에 어울릴만한 이야기의 방향을 제안해 줄 수 있습니다 예를 들어 'AI 교육가로서의 전환 이야기', '다시 피어나는 꿈 이야기', '글쓰기 공동체를 통한 성장' 같은 테마가 나올 수 있겠지요.

후속 작품 '시놉시스' 써보기

제목: 나, 다시 시작하다

주인공: 중년의 작가이자 강사, 새로운 AI 글쓰기학교를 꿈꾸다

갈등: 변화의 두려움, 세대 차이, 체력적 한계

전환점: 경단녀 교육을 하며 얻은 확신

결말: 글쓰기로 성장하는 커뮤니티 '이지퍼니easy_funny AI라이팅스쿨'의 출범

지금 이 글을 읽고 계신 분들 대부분은, 쓰기를 통해 자신을 돌아본 경험이 있을 것입니다. 글을 쓰며 스스로를 마주한 순간, 처음엔 낯설었지만 어딘가 뭉클했던 기억, 그 체험이야말로, 두 번째 이야기를 시작하는 씨앗이 됩니다. 중요한 건 그 씨앗을 어떻게 심고, 어떤 방식으로 키워나가느냐입니다.

첫 번째 책이 과거를 정리한 기록이었다면, 두 번째 책은

앞으로를 그려보는 '청사진'이 될 수 있습니다. 전작이 다큐멘터리에 가까웠다면, 다음 책은 성장 드라마일 수도 있고, 인생을 돌아보는 여행 에세이처럼 흘러갈 수도 있겠지요. 형식은 달라져도 주인공은 여전히 '당신'입니다. 이야기는 지금도 계속되고 있으니까요.

저는 이렇게 믿습니다. 자기 이야기를 한 번이라도 써본 사람에게 진짜 글쓰기는 두 번째 책부터 시작된다고요. 첫 책이 삶을 돌아보는 정리였다면, 두 번째 책은 삶의 방향을 제시하는 나침반입니다. 정리가 끝난 자리에서 비로소 새로운 설계가 가능해지니까요.

시인들 사이에 이런 말이 있습니다. "두 번째 시집부터가 진짜 시집이다." 첫 시집은 열정과 기억으로 쓰지만, 두 번째 시집부터는 비로소 자신의 언어와 철학이 뿌리를 내리기 시작하기 때문이지요. 이 말은 책 쓰기에도 그대로 적용됩니다. 실제로 많은 사람들이 첫 책으로 작가가 되지만, 거기서 멈추는 경우도 많습니다. 마치 등단 이후 작품 활동을 멈추는 신인 시인처럼요.

왜일까요? 첫 책은 강한 열정과 목적의식으로 시작되지만, 출간의 여운이 채 가시기도 전에 막막함이 밀려옵니다. 감각은 흐려지고, 다음 이야기를 어디서부터 시작해야 할지 몰라 결국 두 번째 책이 미뤄지는 것이지요.

그래서 저는 강조하고 싶습니다. 첫 책이 출간된 직후, 그 감각이 여전히 살아 있는 바로 그 시점이야말로 두 번째 책을 구상하기에 가장 좋은 때라는 것을요. 특히 지금은 AI의 도움을 받아 자신의 이력과 경험을 기반으로 다음 책의 주제를 빠르고 명확하게 설계할 수 있는 시대입니다.

AI와 함께 다음 챕터 설계도 만들기

1) 나만의 라이프 브랜딩 문장 만들기

예시 "나는 세상을 연결하는 이야기꾼이다."

2) 다음 책 제목 가상 리스트 작성하기

『경단녀를 위한 AI 인생 리부트』

『챗GPT와 함께 떠난 50대의 여행기』

『글쓰기로 되찾은 나』

3) 콘텐츠 지도 그리기

AI 마인드맵 도구를 활용하여 내가 쓸 수 있는 콘텐츠의 흐름과 주제를 시각화 해보세요.

예시 "AI 글쓰기 전문가" 콘텐츠 지도 그리기

중심 키워드 AI 글쓰기

그 주변에 가지를 뻗듯 주제를 확장해보세요!

그 후 각각의 가지 아래에 더 구체적인 글 주제를 덧붙이면 됩니다.

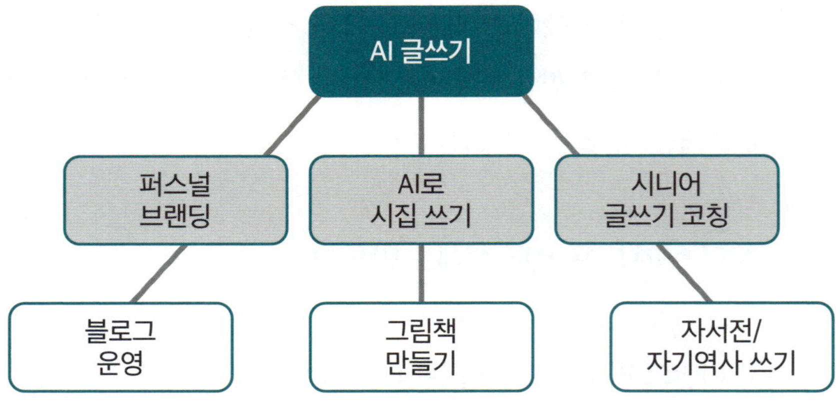

　예를 들어 보겠습니다. '자서전'이나 '자기역사 쓰기'라는 큰 주제 아래에서 우리는 다양한 콘텐츠로 생각을 확장할 수 있습니다. '자서전'이라는 주제는 '자서전 구성법', '나의 첫 글쓰기 수업', '내 인생의 전환점 에피소드'처럼 보다 구체적인 이야기로 나눌 수 있지요. 또한 '퍼스널 브랜딩'이라는 키워드는 '나만의 브랜딩 문장 만들기', 'ChatGPT로 책 제목 정하기', 'SNS 글쓰기 전략' 등 다양한 형태로 발전시킬 수 있습니다. 이처럼 자신이 가진 주제를 콘텐츠로 구체적인 형태로 만들고 싶을 때, AI는 아이디어에 뼈대를 세워주는 비밀병기가 되어줍니다.

　예를 들어 AI에게 이렇게 질문해보세요. "나는 AI로 자기역사 쓰기 교육을 하는 사람이야. 내가 쓸 수 있는 콘텐츠 주제들을 마인드맵 형태로 정리해줘." 혹은 "자기역사 쓰기라는 주제 아래에서 하위 콘텐츠 주제 10개를 구조도 형식으로 보여줘." 그러면 AI는 중심 개념을 중심으로 가지를 뻗듯, 계층적으로 정리된 콘텐츠 지도를 만들어줍니다.

　이런 콘텐츠 지도는 글쓰기의 방향을 잃지 않도록 도와주는 좌표와도 같습니다. 생각이 시각적으로 정리되기 때문에 나만의 콘텐츠 자산이 체계적으로 눈에 들어오기 시작합니다. 무엇보다 이 지도는 글쓰기에서 끝나는 것이 아니라 강의 커리큘럼, 유튜브 콘텐츠, 전자책 시리즈 구상 등 다양한 창작 활동으로 확장될 수 있다는 점에서 매우 유용합니다.

　우리의 인생은 아직 끝나지 않은 원고입니다. 지금 이 순간이 바로, 새로운 페이지를 써 내려갈 시간입니다. AI와 함께라면 그 길은 더 이상 막막하지 않을 거예요. 그렇다면 지금, 당신의 다음 챕터는 어떤 장르인가요? 그 답은 언제나, 당신 안에 있습니다.

기록의 힘, 이제 당신 차례입니다

여기까지 읽은 당신께, 저는 감탄보다 진심 어린 응원의 말을 전하고 싶습니다. 이 책을 끝까지 읽으셨다는 건 단순한 독서를 넘어, 당신 안에 무언가 쓰고 싶다는 간절한 마음이 깃들어 있다는 증거입니다. 그 마음은 오랫동안 삶 속에 차곡차곡 쌓여 있다가, 지금 이 순간, 글이라는 형태로 세상 밖으로 걸음을 내딜 준비를 마쳤을지 모릅니다.

에필로그까지 도달했다는 건 당신이 자신의 삶을 진지하게 돌아보았다는 의미입니다. 또, AI라는 낯선 도구 앞에서도 한 걸음 용기 내어 다가가 보았다는 사실을 보여줍니다. 그리고 무엇보다, 스스로의 이야기를 자기 손으로 남기기로 결심했다는 증거입니다.

몇 해 전, 한 분이 저에게 이렇게 물었습니다. "제 이야기를 누가 들어줄까요? 글은 똑똑한 사람들이나 쓰는 거 아닌가요?" 저는 그때도 그렇고 지금도 믿고 있습니다.

글쓰기는 특별한 능력이 아니라, 삶을 정리하고 싶은 진심에서 시작된다고요. 그 시작만 있다면 AI는 언제든 당신의 이야기를 글로 엮어주는 든든한 동행자가 되어줄 것입니다. 그래서 저는 '이지퍼니 easy_funny AI 라이팅스쿨'이라는 이름으로, 처음 글을 쓰는 분들을 위한 작지만 따뜻한 교실을 준비하려 합니다. 글 앞에서 주저하지 않고, 자기 목소리로 자신의 시간을 써 내려갈 수 있도록, 지금까지의 경험과 배움을 담아 당신을 기다리고 있습니다.

글쓰기는 혼자 하는 일처럼 보이지만, 사실은 누군가와 마음을 나누는 시작입니다. 함께 써야 지치지 않고, 함께 읽어야 빛이 납니다.이제 새로운 장은 당신의 손끝에서 열립니다.

기록으로 피어나는 삶의 자리, 생각이 익어가는 글밭, 그 교실로 당신을 초대합니다. 당신 이야기를, 저는 오늘도 귀 기울이며 기다리고 있겠습니다.

부록

AI로 프롤로그 & 에필로그 쓰기

'진짜 나만의 목소리'를 더하는 마지막 한 장면

한 권의 책은 이야기만으로 완성되지 않습니다. 그 이야기를 어떻게 시작하고, 어떻게 마무리하는지 아는 사람이야말로 진짜 글을 쓸 줄 아는 사람입니다. 이 부록은 AI와 함께 써온 자기역사에 당신만의 목소리를 덧입히는 시간입니다. 프롤로그에서는 이 책을 왜 쓰게 되었는지, 독자에게 무엇을 전하고 싶은지를 담은 진심의 초대장을, 에필로그에서는 이 여정을 마무리하며 자신과 독자에게 따뜻한 인사 한마디를 남겨주세요.

프롤로그는 처음 3줄에 마음을 빼앗기도록

프롤로그는 누군가의 집 문을 조심스레 두드리는 순간과 같습니다. 설레면서도 긴장되고, 무엇보다 중요한 순간이지요. 이 글은 "당신의 이야기를 들어볼게요."라고 독자의 마음을 여는 첫 문장이자, 이 책을 왜 쓰게 되었는지를 담담히 고백하는 자리입니다.

프롤로그를 쓰기 전, 먼저 세 가지 질문을 스스로에게 던져보세요. 그 안에는 당신이 글을 쓰게 된 이유, 그리고 앞으로의 글쓰기 방향이 자연스럽게 담겨 있을 거예요.

왜 나는 이 책을 쓰게 되었을까? 어쩌면 어떤 사건 하나가 계기가 되었을 수도 있고, 꾹 눌러왔던 말을 이제는 꺼내고 싶다는 마음 때문일 수도 있습니다. 혹은 AI라는 새로운 친구를 만나 마침내 글을 쓸 수 있겠다는 용기를 얻은 것일지도요. "나는 어느 날 AI와 마주했고, 그 만남은 내 삶을 글로 옮기게 만들었다." 이 문장 하나만으로도 프롤로그는 시작될 수 있습니다.

이 책은 어떤 책일까? 내 이야기로 가득하지만, 이 책은 결국 누군가를 위한 책입니다.

나처럼 두려움 많던 누군가, 오래 망설여왔던 누군가, 그리고 이제는 자기 삶을 돌아보고 싶은 누군가를 위한 책이지요. "이 책은 평범한 삶이 특별해지는 순간들을 모은 이야기입니다."
이 한 문장도 누군가에겐 큰 용기와 위로가 될 수 있습니다.
이 책을 읽는 사람은 어떤 도움을 받을까? AI를 활용한 자기역사 쓰기의 구체적인 방법, 일상의 기억을 감동적인 이야기로 엮는 훈련, 그리고 마침내 한 권의 책으로 완성하는 과정까지. 이 책은 단순한 글쓰기 매뉴얼이 아니라, 당신이 삶을 돌아보고 새롭게 바라보게 하는 도구이자 거울이 될 것입니다.

이 세 가지 질문에 담긴 생각을 AI와 나눠보세요. 당신의 말들을 엮어, 그 어떤 프롤로그보다 진심이 담긴 서문을 함께 완성할 수 있을 겁니다. 가장 중요한 건, 이 책은 당신의 목소리로 시작되어야 한다는 것, 그리고 이미 그 목소리는 당신 안에 조용히, 그러나 분명하게 존재해왔다는 사실입니다.

에필로그는 여운을 남기도록

에필로그는 한 권의 책을 완성하는 마지막 문장이자, 길게 이어온 시간을 천천히 정리하며 마음을 내려놓는 자리입니다. 글을 써 내려오며 지나온 시간, 다시 떠오른 기억들. 그리고 그 안에서 다시 만난 나 자신까지, 에필로그는 이 모든 것을 품은 작은 매듭이자 끝맺는 인사입니다.

이 글을 쓰기 전, 먼저 자신에게 질문을 던져보세요. "글을 쓰는 동안 나는 어떤 감정을 느꼈을까?" 처음엔 막막했을 수도 있고, 중간엔 감정이 북받쳐 글을 멈췄던 순간도 있었을지 모릅니다. 하지만 그 모든 과정이 진짜 '나'를 꺼내는 시간이었음을, 지금의 당신은 알고 있을 것입니다. 한 줄 한 줄 써 내려가며, 그 동안 잊고 지냈던 나를 다시 껴안게 된 이 체험은 무엇보다 깊고 귀한 시간이었습니다.

그리고 이렇게 물어보세요. "지금의 나에게 어떤 말을 해주고 싶은가?" 포기하지 않고 여기까지 온 당신에게 진심으로 말해보세요. "정말 잘했어. 그 용기 하나면 충분했어." 이 책은 어느 날 갑자기 완성된 것이 아니라, 겹겹이 쌓인 시간과 매일의 작은 결심들이 모여 이루어낸 결과입니다.

마지막으로, "이 책을 읽을 누군가에게 어떤 말을 전하고 싶은가?" 당신처럼 글을 시작하고 싶은 누군가에게, 이 책이 작은 등불이 되기를 바랍니다. "당신의 삶도, 당신만의 언어로 반드시 빛날 수 있습니다." 이 문장은 이 책의 마지막이자, 또 다른 누군가의 시작이 될지도 모릅니다.

AI는 당신이 남긴 흔적과 기록을 모아 진심을 담은 에필로그를 완성할 수 있도록 곁에서 도와줄 것입니다. 솔직하고, 따뜻하고, 꾸밈없는 말로 이제는 자신에게 말을 걸어보세요. 그 문장은, 누군가의 마음에 오래도록 머무를 문장이 될 것입니다.

내 인생 연대표

① 설레고 기대되는 순간

----

② 잊을 수 없는 소중한 일

----

③ 내가 도전한 특별한 경험

----

④ 힘든 상황을 이겨냈던 일

----

⑤ 달라진 나를 느꼈던 일

----

⑥ 글쓰기 수업에 앉은 오늘 이야기

포토에세이_자서전쓰기 수업에서 진행하고 있는 <내 인생 연대표>입니다.

내 인생 연대표

1. 곡선형(감정의 흐름이 있는 인생 곡선)

　① 엄마 품에서 매일 웃던 시절

　② 소풍날 도시락을 잃어버린 날

　③ 대학 입학, 세상이 넓어진 순간

　④ 첫 이별 후, 긴 어둠 속에 있었던 때

　⑤ 다시 웃게 해준 반려견 '달이'의 등장

　⑥ 지금, 내 삶에 감사하는 시간

　⇨ 감정이 '행복-불안-설렘-슬픔-
　　위로-평온'의 흐름으로 전개됨

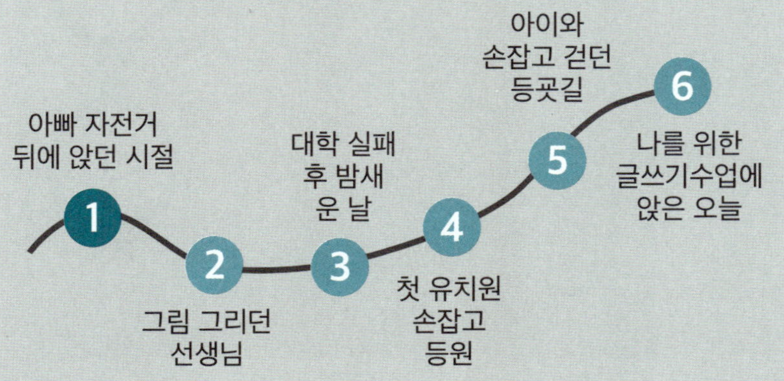

내 인생 연대표

1. **순서형**(시간순 정렬: 타임라인 중심)

   ① 1970년 제주 출생

   ② 1987년 서울로 이사

   ③ 1995년 결혼

   ④ 2001년 첫 직장 퇴사 후 전업주부

   ⑤ 2010년 큰딸 유학

   ⑥ 2023년 글쓰기 수업 시작

   ⇨ 연도와 사건 위주로 정리되어

   　전체 흐름이 시간에 따라 깔끔히

   　보임

LIFT CYCLE

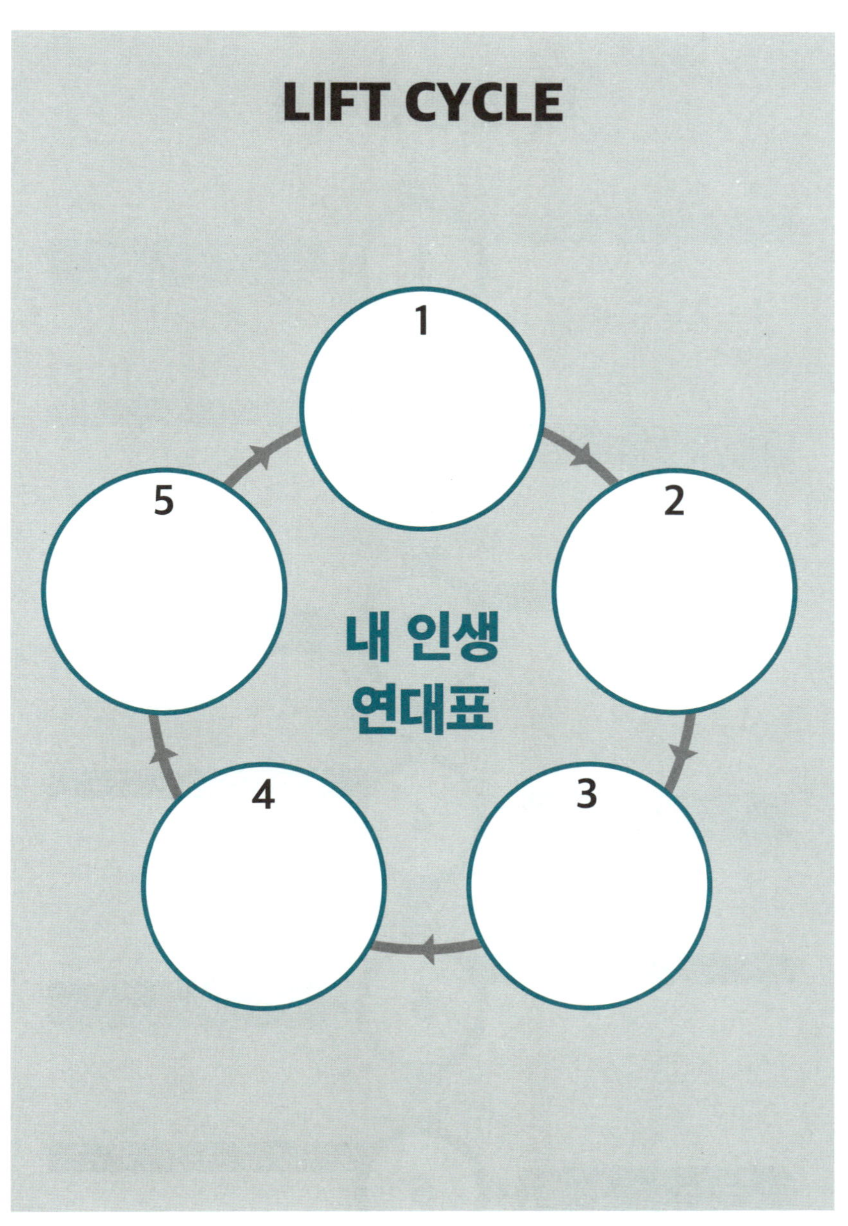

내 인생 연대표

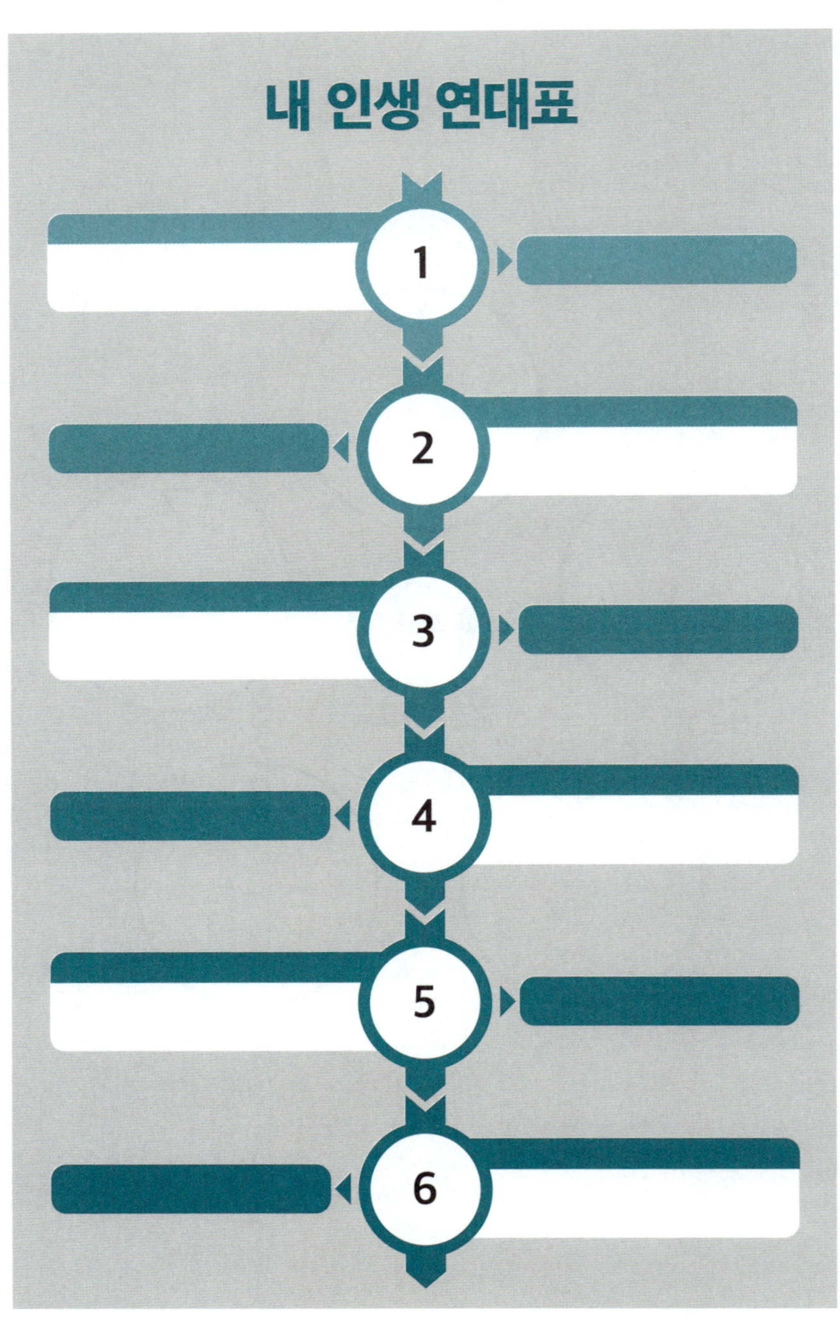

내 인생 연대표

AI 자기역사 쓰기 & 자서전출간지도사 1급 자격증 과정

- 생성형 AI로 완성하는 회고록 & 자서전, 전문가로 가는 8주 완성 프로젝트
- 인공지능강사경진대회 최우수상 수상자와 함께 하는 실전 밀착 글쓰기 코칭
- 학부부터 박사까지 국문학을 전공한 정통 글쓰기 전문가의 깊이 있는 지도
- 상금 받고 등단한 시인이 전하는 문학적 감성과 완성도 높은 글쓰기 노하우

교재: AI로 쉽게 자기역사 쓰기/출판사 씽크스마트

주차	강의 주제	강의 핵심 내용	AI 실습도구
1주차	생성형 AI와 첫 인사, 인생 목차를 AI와 짜다	생성형 AI 개념과 종류 비교 (ChatGPT, 퍼플렉시티, 클로드 등) - 자서전·회고록·자기역사 쓰기 차이 이해 - 인생 연표 작성 + 프롬프트로 목차 구성 실습	ChatGPT, 퍼플렉시티, 클로드

주차	강의 주제	강의 핵심 내용	AI 실습도구
2주차	프롬프트 한 줄로 글의 뼈대를 세운다 - 트리트먼트 설계법	프롬프트 작성법 집중 훈련 - AI 트리트먼트(글 뼈대) 구성하기 - 내 목차 중 1개를 중심으로 구성 시작	ChatGPT, Bing, 클로드
3주차	AI가 연결하는 기억의 조각들 - 이야기맛집 만들기	감정 기반 장면 글쓰기 - AI로 에피소드 구조화 - 기억을 연결하는 서사 확장법 실습	퍼플렉시티, ChatGPT, 뤼튼
4주차	AI가 살려내는 감정의 온도 - 장소·대화·표현력 완성하기	- 감정 묘사, 대화 표현, 장면화 실습 - 이미지에서 문장 뽑기 / 사물 묘사 훈련 - AI 스타일별 감정 톤 비교	클로드, 뤼튼, Bing 이미지
5주차	내 인생의 전환점, 감동적인 이야기로 되살리기	인생의 변곡점 찾기 - 스토리 구조: 갈등-전환-회복 설계 - 감정 곡선과 AI 몰입도 피드백	ChatGPT, 퍼플렉시티
6주차	글맛을 살리는 AI 리라이팅 - 윤문, 피드백, 연결까지!	- AI를 활용한 문장 리라이팅 실습 - 챕터 간 흐름 연결 / 반복 표현 제거 - AI 피드백 비교 활용법	ChatGPT, 클로드

주차	강의 주제	강의 핵심 내용	AI 실습도구
7주차	출간을 콘텐츠로! 썸네일부터 음악까지 AI로 만드는 출판 홍보 키트	- 썸네일 이미지 제작, 프롤로그/ 에필로그 완성 - Suno로 BGM 생성, 키네마스터로 영상 만들기 - 블로그 글쓰기와 홍보문 작성 실습 - AI 후속작 제안 시뮬레이션	Suno, 키네마스터, Canva, ChatGPT, 뤼튼
8주차	자격과 결과를 내 손에 - 발표, 평가, 그리고 전문가의 첫 걸음	자서전출간지도사 1급 자격평가 - 수강생 작품 발표 + AI 피드백 - 강사 진출 로드맵 안내 및 수료식	ChatGPT, 퍼플렉시티, Bing

자격증 시험

필기: 자서전출간지도론, 자서전작성 및 출판론, 자서전코칭지도론

실기: 자서전출간지도 시연(세부평가항목과 평가기준 별도마련 시행)

주무처: 교육부

등록 번호: 2025-000235

자격 명칭: 자서전출간지도사

등급: 1급

발행 기관: 한국책쓰기코칭협회

◆ **과정의 특징**

  ▷ 목차부터 출판·홍보까지 전 과정 완성형 교육

  ▷ ChatGPT, 퍼플렉시티, 클로드, Suno 등 AI 실습 포함

  ▷ 자기 자서전 3꼭지 완성 + 목차 + 프롤로그 완성

  ▷ 『자서전출간지도사 1급 자격증』 취득

  ▷ 강사로 활동 가능한 진출 루트까지 안내

◆ **"누구나 쓸 이야기가 있다, AI와 함께라면 더 쉽고 감동적으로!"**

  지금, 회고록과 자서전 쓰기 열풍이 뜨겁습니다.

  하지만 대부분의 사람들은 이렇게 말하죠.

  "제 인생은 특별하지 않아요."

  "글을 잘 못 써서요."

  "어떻게 시작해야 할지 모르겠어요."

  이 과정을 수강하면,

  그 모든 걱정은 AI가 도와주는 글쓰기 시스템으로

  감동적인 이야기로 바뀌기 시작합니다.

◆ **이런 분께 추천합니다**

  ▷ 인생을 한 권의 책으로 정리해보고 싶은 분

  ▷ 부모님의 회고록을 선물하고 싶은 분

  ▷ AI 글쓰기를 배우고 자격증으로 연결하고 싶은 분

  ▷ 평생교육 분야 강사로 활동하고 싶은 분

▹ 회고록·자서전 코칭 전문강사로 커리어를 전환하고 싶은 분

◆ 수강 효과

▹ AI와 함께 글쓰기 처음부터 끝까지 완성
▹ '자서전출간지도사 1급' 자격증 취득
▹ 나만의 이야기 3꼭지 + 인생 목차 완성
▹ 책 출간까지 연결 가능한 실전 노하우 습득
▹ AI 글쓰기 + 윤문 + 피드백까지 통합 실습

◆ 과정 수료 후 활동 전망

▹ 방과후 학교 / 지역아동센터 / 청소년 기관 활동 가능
▹ 50+세대 대상 회고록 글쓰기 강의 진행
▹ 평생학습관 / 교육청 연계 프로그램 개설 가능
▹ 문화센터 / 시민대학 / 사회복지관 외부강사 활동
▹ 강사 보수교육, 자격 취득자 대상 멘토링까지 확장 가능

10살 아이부터 70대 어르신까지
자기역사 쓰기는 누구에게나 가능한 '삶의 교육'입니다.
AI라는 새로운 도구를 만나,
기록은 더 쉽고, 감동은 더 커졌습니다.
이제, 글쓰기 그 너머의 삶의 가치를 전하는
전문가의 길이 여러분을 기다립니다.

마음을 흔드는 스토리 연출을 위한 실습 예제

1. 어린 시절 가장 감정적으로 강렬했던 순간을 떠올려 그 당시의 느낌을 글로 표현해 보세요.

2. 가장 행복했던 순간과 가장 힘들었던 순간을 비교하며 서술해 보세요.

3. 누군가에게 크게 실망했을 때의 장면을 자세히 떠올려 보세요.

4. 처음 상처받은 말을 들었던 날을 회상해 보세요.

5. 가족과의 따뜻한 순간을 다시 떠올려 써보세요.

6. 좋아하는 사람에게 고백했던 날의 떨림을 써보세요.

7. 친구와의 갈등이 있었던 날, 그 당시 감정을 표현해 보세요.

8. 용서했던 경험 또는 용서받았던 경험을 써보세요.

9. 이별을 경험했던 순간의 공기, 색깔, 소리를 기억해 써보세요.

10. 예상치 못한 선물을 받았던 순간을 감정 중심으로 써보세요.

11. 부모님에게 혼났을 때의 마음을 묘사해 보세요.

12. 친구와 화해한 경험을 중심으로 감정을 써보세요.

13. 나만 알고 있는 부끄러운 기억을 솔직히 써보세요.

14. 길을 잃었던 경험과 그때의 감정을 표현해 보세요.

15. 누군가의 칭찬 한 마디가 나를 바꾼 순간을 떠올려보세요.

16. 첫 발표, 첫 공연 등 떨렸던 경험을 감정 중심으로 써보세요.

17. 내가 울음을 참았던 순간을 자세히 묘사해 보세요.

18. 가족이 아팠던 때의 무력함을 글로 풀어보세요.

19. 내가 누군가를 도왔던 따뜻한 순간을 다시 써보세요.

20. 자랑스러웠던 나의 순간을 감정을 살려 써보세요.

21. 처음 학교에 갔던 날의 기분을 기억해 써보세요.

22. 친구가 나를 지켜줬던 순간을 표현해 보세요.

23. 실패 후 다시 일어났던 순간의 감정을 써보세요.

24. 외로움을 가장 크게 느꼈던 순간을 회상해 보세요.

25. 나만 알고 있는 나의 두려움을 고백해 보세요.

26. 누군가의 손을 꼭 잡았던 순간의 느낌을 떠올려보세요.

27. 예상치 못한 격려를 받았던 경험을 풀어보세요.

28. 나를 닮은 사람을 발견했을 때의 놀라움과 감정을 써보세요.

29. 나를 가장 이해해준 사람이 누구인지, 왜 그런지 써보세요.

30. 가장 최근에 울었던 이유를, 눈물의 감정을 따라 써보세요.

1. 이 이야기를 감정적으로 더 풍부하게 만들어줘.

2. 이 장면에서 인물의 감정 흐름을 더 극대화해줘.

3. 이 이야기에 감정을 따라가는 구조를 추가해줘.

4. 이 사건에 감정 곡선을 그려줘.

5. 이 주인공이 느꼈을 감정을 더 섬세하게 표현해줘.

6. 갈등 장면을 더 드라마틱하게 만들어줘.

7. 이 글에서 독자가 공감할 수 있는 포인트를 추가해줘.

8. 대사를 감정적으로 바꿔줘.

9. 이 장면을 영화처럼 생생하게 연출해줘.

10. 이 상황에 어울리는 비유나 상징을 추가해줘.

11. 감정을 점점 고조시키는 구성으로 바꿔줘.

12. 이 캐릭터의 내면 심리를 더 구체적으로 설명해줘.

13. 슬픔이 느껴지는 장면을 더 진하게 그려줘.

14. 희망의 여운이 남도록 마무리해줘.

15. 눈물 나는 결말로 바꿔줘.

16. 감정이입이 쉬운 문장으로 바꿔줘.

17. 이 장면에 나레이션 효과를 추가해줘.

18. 인물의 숨겨진 감정을 보여주는 묘사를 추가해줘.

19. 감정의 온도가 느껴지도록 배경을 설정해줘.

20. 캐릭터의 몸짓이나 표정을 감정 중심으로 묘사해줘.

21. 이 이야기의 감정 흐름을 한 문장으로 요약해줘.

22. 독자가 몰입할 수 있게 호흡 조절을 도와줘.

23. 감정 표현을 시처럼 바꿔줘.

24. 감정의 여백이 느껴지도록 대사를 줄여줘.

25. 이 글에서 감정을 상징하는 사물이나 장면을 추천해줘.

26. 감정 전환이 자연스럽도록 연결 문장을 넣어줘.

27. 이 감정을 색으로 표현하면 어떤 색일지 말해줘.

28. 이 장면에 어울리는 배경음악을 추천해줘.

29. 주인공의 감정 일기를 작성해줘.

30. 이 이야기의 감정 흐름에 따라 제목을 다시 지어줘.

1. 나는 그날 기뻤지만, 속으로는 ________ 하고 있었다.

2. 나는 아무렇지 않은 척했지만, 사실 ________.

   눈물은 참았지만, 마음속에서는 ________가 흘렀다.

   그 말 한마디에 나는 ________처럼 무너졌다.

   내 웃음 뒤에는 항상 ________이 숨어 있었다.

   나는 용기 내어 말했지만, 속은 ________ 떨고 있었다.

   그 장면이 떠오르면 아직도 ________다.

   아무도 몰랐지만, 그 순간 나는 ________고 있었다.

   그때의 공기는 마치 ________ 같았다.

   나는 그날 처음으로 ________을 느꼈다.

   속은 타들어 가는데, 겉으론 ________ 했다.

   가슴속에서 무언가 ________ 하고 올라왔다.

   눈을 감으면 아직도 그날의 ________이 느껴진다.

   나는 나 자신에게조차 ________ 하고 싶지 않았다.

   그 사람의 뒷모습에 ________이 담겨 있었다.

   말보다 침묵이 더 ________ 했다.

   나는 바보처럼 웃었지만, 속은 ________찢어지고 있었다.

   한 줄기 바람처럼, 그 기억은 ________ 스며들었다.

   그날의 하늘은 마치 나의 마음처럼 ________ 했다.

마음은 이미 ________ 하고 있었는데, 나는 거짓말을 했다.

나는 그 순간, 처음으로 진짜 ________을 알았다.

내 안의 어린아이가 조용히 ________고 있었다.

기억 속 그날의 향기는 아직도 ________ 남아 있다.

그 웃음 뒤에 숨겨진 건 ________이었다.

나는 그 상황이 두려워 ________ 못한 채 있었다.

마치 영화의 한 장면처럼, ________이 내 안에 남아 있다.

나는 그렇게 ________ 채, 하루를 견뎠다.

그 눈빛 하나가 나를 ________ 만들었다.

속으로는 이미 수없이 ________고 있었다.

그 사람의 한 마디가 나를 ________ 이끌었다.

감성글쓰기 A.R.T원칙

Step 1 마음에 닿는 감각 표현 하나 고르기

먼저 아래 감각 표현 중에서

당신의 마음을 '툭' 하고 건드리는 문장 하나를 골라보세요.

예시

☐ 달빛이 창틀에 걸려 울고 있었다

☐ 커피 향이 잊고 있던 오후를 깨웠다

☐ 비가 나의 고요에 말을 걸었다

☐ 바람이 목덜미를 쓰다듬고 지나갔다

☐ 눈물이 종이에 떨어져 목소리를 냈다

"예쁘다"가 아니라 "뭔가 느낌이 온다" 하는 문장을 고르는 게 포인트예요. 이 느낌은 당신만이 알고 있는 감정의 신호랍니다.

Step 2 그 문장을 보며 기억나는 장면 떠올리기

자, 이제 고른 문장을 마음속에 잠시 머물게 해보세요. 그러면 슬며시 기억이 따라올 거예요.

예시

언제였나요? 계절은? 시간대는?

어디에 있었고, 누구와 있었나요?

어떤 감정이었나요? 기뻤나요, 슬펐나요, 그리웠나요?

기억이 또렷하지 않아도 괜찮아요.

"그때 참 외로웠던 것 같아" 정도의 감정만 떠올라도 충분해요.

Step 3 한 문장만 써보세요.

"그 장면을 떠올리며 단 한 문장"만 써보는 것부터 시작합니다.

예시

커피 향이 잊고 있던 오후를 깨웠다. 그날은 엄마가 처음으로 늦잠을 주무신 날이었다.

달빛이 창틀에 걸려 울고 있었다. 나는 그날 밤, 말을 잃은 사람처럼 창밖만 바라보고 있었다.

비가 나의 고요에 말을 걸었다. 무표정하게 살던 내가, 처음으로 눈물이 흐른 날이었다.

문장 하나가 한 편의 이야기의 씨앗이 됩니다. 글쓰기는 거창하게 시작하지 않아도 괜찮아요. 우리 안에는 이미 수많은 이야기가 잠들어 있습니다.

도입과 결말 쓰기 템플릿

Step 1 흡입력 있는 도입 쓰기

목표: 독자의 관심을 단번에 끌 수 있는 한 문장을 만든다.

방법

질문형: "당신은 하루에 커피를 몇 잔 드시나요?"

숫자형: "지구에서 하루에 소비되는 커피는 무려 22억 잔입니다."

에피소드형: "친구들과 단골 카페에 갔는데…"

추천 예시 (골라보고 따라 써보기)

1. 때는 바야흐로 쌍팔년이었다… (성석제)

2. 절실한 소망은 돈 지갑을 뚫는다… (이외수)

3. 스물두 평. 서른 살 여자의 공간이다… (박현욱)

4. 주제 사라마구. 늙을수록 위대해졌다… (김진규)

5. 어머니의 칼끝에는 평생 누군가를 거둬 먹인 사람의 무심함이 서려 있다… (김애란)

6. 나는 드라마를 좋아한다… (김여환)

따라 쓰기 연습

위의 예시 중 하나를 참고하여 나의 첫 문장을 써본다.

그 다음 문장을 자유롭게 이어 써본다.

원문과 비교하여 어떤 차이가 있는지 살펴본다.

목표: 글을 덮은 후에도 마음에 남는 한 문장을 만든다

전략

메시지를 정리한다

질문을 남겨 독자에게 여운을 준다

처음의 도입과 연결해 원을 완성한다

감정을 담아 부드럽게 마무리한다

추천 예시 (마지막 한 줄의 힘)

"그때가 되면 우리는… 그것이 진짜 해피엔딩이다." (김여환)

"사과 조각은 우주 멀리 날아가는 운석처럼…" (김애란)

"눈가에 물기를 남긴 채 여자는 깊은 잠에 빠져들었다." (박현욱)

"너의 친구로 남아 있을 거야. 말리나가." (한스 크루파)

"그대의 글에다 소망을 불어넣어라…" (이외수)

"전문가의 도움을 받아도 좋다…" (김도식)

"아으, 만고 강산." (성석제)

따라 쓰기 연습

내가 쓴 글의 메시지를 한 문장으로 요약해본다.

감정의 흐름에 맞춰 마무리 문장을 써본다.

도입과 결말을 연결할 수 있다면 멋진 마침표!

🎓 감정 표현을 풍부하게 하고 싶을 때

1. 이 문장을 더 슬프게 표현해줘.

2. 기쁨이 느껴지도록 장면을 바꿔줘.

3. 감정을 억누르는 인물을 묘사해줘.

4. 외로움을 사물에 빗대어 표현해줘.

5. 분노가 담긴 대사를 정제해서 써줘.

🎓 자연물이나 공간을 감정의 상징으로 쓸 때

6. 공허한 마음을 상징하는 풍경을 묘사해 줘.

7. 잊히고 싶은 감정을 버려진 사물로 표현해줘.

8. 긴 기다림을 자연물로 표현해 줘.

9. 억눌린 감정을 방의 구조로 표현해줘.

10. 외로운 인물을 벤치에 앉혀 묘사해줘.

🎓 인물 간 관계 표현이 필요할 때

11. 아버지와의 서먹한 관계를 보여 줘.

12. 엄마와의 다정하지만 슬픈 장면을 묘사해줘.

13. 친구와 멀어지는 순간을 묘사해 줘.

14. 이별 후 재회했을 때의 복잡한 감정을 보여줘.

15. 말은 없지만 사랑이 느껴지는 순간을 써줘.

🎓 장면을 감정적으로 재구성할 때

16. 이 장면을 긴장감 있게 바꿔 줘.

17. 평범한 장면에 감정적 여운을 넣어 줘.

18. 감정이 절정에 이르는 순간을 묘사해 줘.

19. 담담한 어조로 깊은 슬픔을 표현해줘.

20. 후회가 묻어나는 장면을 구성해줘.

🎓 독백체나 편지체로 감정 표현할 때

21. 내 마음을 일기처럼 써 줘.

22. 어린 시절 나에게 편지를 쓰듯 표현해 줘.

23. 지금의 나에게 편지를 써 줘.

24. 돌아가신 가족에게 쓰는 편지처럼 표현해 줘.

25. 대화글을 넣어서오랜 친구에게 고백하는 독백을 써줘.

🎓 구체적인 상황이나 설정 요청할 때

26. 눈 오는 날, 혼자 걷는 인물의 감정을 써 줘.

27. 병문안 장면을 감정적으로 구성해 줘.

28. 이별 후 집으로 돌아가는 길의 감정을 써 줘.

29. 오래된 방에서 추억이 떠오르는 장면을 써줘.

30. 장례식장에서 느끼는 내면의 감정을 보여줘.

내 인생의 다음 챕터 설계하기

Step 1   인생 1권 요약하기

◆ 내 첫 번째 책의 핵심 키워드는?

◆ 가장 기억에 남는 장면 3가지는?

◆ 이 책을 통해 나는 무엇을 배웠나요?

Step 2   AI와 함께 질문하기

◆ 지금 내가 가장 끌리는 관심사는?

◆ 나의 인생 좌우명 또는 남기고 싶은 한 문장은?

◆ AI에게 질문하기: "내 인생 경험을 기반으로 다음에 쓸 책의 주제
를 3가지 추천해줘."

Step 3   나만의 시놉시스 만들기

◆ 제목:

◆ 주인공:

◆ 갈등:

◆ 전환점:

◆ 결말:

◆ 나만의 브랜딩 문장:

◆ 후속 책 제목 아이디어 3가지:

◆ 다음 이야기를 펼칠 플랫폼은? (책, 블로그, 유튜브 등)

◆ 내가 도움을 줄 수 있는 대상은 누구인가요?

Step 5　후속 콘텐츠 방향 구상하기

"나는 앞으로 _______________라는 이야기를 세상과 나누고 싶습니다."

강진 외,『손바닥 자서전 특강』, 한겨레출판, 2017

공지영,『너는 다시 외로워질 것이다』, 해냄, 2023

김덕진,『챗봇 2025』, 스마트북스, 2024

김민철,『모든 요일의 기록』, 북라이프, 2021

김수민 외,『챗GPT 거대한 전환』, RHK, 2023

김수현,『나는 나로 살기로 했다』, 클레이하우스, 2022

김영하,『살인자의 기억법』, 복복서가, 2020

김윤경 외,『챗GPT로 퍼스널 브랜딩에서 수익화까지』, 클라우드나인, 2024

김훈,『칼의 노래』, 문학동네, 2014

로버트 맥키,『로버트 맥키의 스토리』, 민음사, 2024

루이즈 다살보,『최고의 작가들은 어떻게 쓰는가』, 예문, 2015

리사 크론,『끌리는 이야기는 어떻게 쓰는가』, 한국경제신문, 2014

린다 스펜스,『내 인생의 자서전 쓰는 법』, 고즈원, 2009

무라카미 하루키,『해변의 카프카』, 문학사상사, 2002

박완서,『그 많던 싱아는 누가 다 먹었을까』, 웅진지식하우스, 2003

박태웅,『박태웅의 AI강의 2025』, 한빛비즈, 2024

백세희,『죽고 싶지만 떡볶이는 먹고 싶어』, 흔, 2018

브레네 브라운,『마음가면』, 웅진지식하우스, 2023

빅터 프랭클,『빅터 프랭클의 죽음의 수용소에서』, 2020

성석제,『농담하는 카메라』, p.72, 문학동네

송숙희,『모닝페이지로 자서전쓰기』, 랜덤하우스, 2009

스콧 피츠제럴드,『위대한 개츠비』, 열린책들, 2011

스티븐 킹,『유혹하는 글쓰기』, 김영사, 2017

세가 쳉,『AI시대 생존전략』, 더페이지, 2025

안정효,『안정효의 자서전을 씁시다』, 민음사, 2019

와리스 디리,『사막의 꽃』, 섬앤섬, 2015

어니스트 헤밍웨이,『노인과 바다』, P.106, 민음사, 2012

윌리엄 진서,『글쓰기 생각쓰기』, 돌베개, 2024

이경준,『AI는 어떻게 인생의 무기가 되는가』, 21세기북스, 2025

이남희,『자서전쓰기 특강』, 연암서가, 2010

정유정,『완전한 행복』, p.113, 은행나무, 2021

진순희,『AI ART로 한 방에 뚝딱 예술가 되기』, 더 로드, 2023

최재붕,『AI 사피엔스』, 쌤엔파커스, 2024

칩 히스 외,『스틱』, 웅진지식하우스, 2022

하워드 슐츠 외,『스타벅스, 커피 한 잔에 담기 성공신화』, 김영사, 2022

한지우,『더 퍼지 AI 시대 누가 미래를 이끄는가』, 미디어숲, 2024

『굿 윌 헌팅』, 감독: 거스 반 산트, 1997

『인사이드 아웃』, 감독: 피트 닥터, 픽사, 2015

권재영 작가 인터뷰, MBC <사람이 좋다> (2015.4.5. 방송)

김도식, <머니투데이>, '스토리로 말하세요', 2023.07.16

김혜자 인터뷰, KBS 다큐멘터리《아프리카의 눈물》(2009.10.20. 방송)

McKee, Robert. Story: Substance, Structure, Style and the Principles of Screenwriting. ReganBooks, 1997.

Krakovsky, A., & Oliver, M. B. (2018). "Emotional Engagement and Narrative Persuasion: The Role of Perceived Emotional Realism." Personality and Social Psychology Bulletin, 44(4), 391-408.

Brunyé, T. T., Ditman, T., Mahoney, C. R., Augustyn, J. S., & Taylor, H. A. (2009). When you and I share perspectives: Pronouns modulate perspective taking during narrative comprehension. Psychological Science, 20(1), 27-32.

Zishuo Feng, "Bridging Emotional Gaps in Textual Interactions: A Study on the Role of Emotion Analysis Services", 2024 (PURDUE UNIVERSITY)